# Braver Hund!

Katharina von der Leyen

# Braver Hund!

## Hunde erziehen mit viel Vergnügen

Illustrationen von Caroline Ronnefeldt

blv

# Inhalt

»Um in der Hundeerziehung
erfolgreich zu sein, muss man den Hund
als das behandeln, was er ist:
ein Hund.«

Carl Spitz, Filmhundetrainer, Hollywood 1938

# Erziehung ist das halbe Leben

Einen Hund anzuschaffen, ist leicht. Ihn zu behalten, zu halten und mit ihm täglich zu leben, ist viel schwieriger. Ihr Hund wird nämlich nicht von alleine zu dem Hund, den Sie sich gewünscht haben. Sie müssen ihm zeigen, was Sie von ihm wollen: Ein erzogener Hund ist ein guter Hund. Und nur ein erzogener Hund kann zum »besten Freund« werden, und für diesen Job haben Sie ihn doch ursprünglich angeschafft. Aber fürchten Sie sich nicht:

Nachdem Hunde schon seit über 20000 Jahren mit dem Menschen zusammenleben, sind sie längst darauf eingestellt, es dem Menschen möglichst recht zu machen. Tatsächlich können Sie Ihrem Hund fast alles, was Sie brauchen, in etwa zehn Minuten täglich beibringen. Sie müssen nicht zwei Stunden mit vor Anstrengung dunkelrotem Kopf »Sitz!« üben. Sie müssen sich nicht auf Hundeplätzen tummeln – außer, dies entspricht Ihrer Vorstellung von Freizeitgestaltung. Auch, wenn Sie – wie die meisten modernen Menschen – gleichzeitig Hund, Kinder, Termine, Beruf, Liebesleben und Reisen jonglieren müssen, sollten Sie sich in der Hundeerziehung selber sehr konsequent an ein paar Regeln halten. Dann ist das Ganze beinahe ein Kinderspiel.

Sie müssen die Erziehung Ihres Hundes in das tägliche Leben integrieren, nicht für später aufheben, für die »Erziehungsstunde«. Erziehung findet den ganzen Tag statt – wenn Sie zum Briefkasten gehen, wenn Sie die Treppe hinaufgehen, wenn Sie ihn hinter den Ohren kraulen, und genauso, wenn Sie dazu keine Lust haben. Zehn Minuten am Tag reichen, um das Erziehungsprogramm zu festigen und später, um regelmäßig abzufragen, was er alles kann und ihn daran zu erinnern, wem die Wohnung gehört. An manchen Tagen und bei jungen Hunden, deren Grunderziehung noch nicht sitzt, sind es mehrere zehn Minuten über den Tag verteilt. Nicht mehr.

Für den Auslauf, den Ihr Hund sich sehnlichst wünscht, brauchen Sie allerdings mehr als zehn Minuten. Sogar winzigste Hunde wollen nach draußen, wollen rennen, ihre Muskeln und ihre Nase benutzen, wenigstens eine Stunde am Tag. Ihnen das vorzuenthalten, ist schlicht eine Gemeinheit. Um ein guter Hund zu sein, muss Ihr Hund regelmäßig rechtschaffen müde sein. Und das wird hund nicht, indem er in der Wohnung herumsitzt.

Um Ihren Hund erziehen zu können, müssen Sie lernen, hund zu sprechen. Sie müssen lernen, Ihren Hund als das zu sehen, was er ist – keine kleine Person mit Fell, sondern eine völlig andere Spezies mit völlig anderem Weltbild und Vorstellungen von »gut« und »böse«, als Sie es haben. Es ist Ihr Job, Ihrem Hund zu erklären, was Sie von ihm wollen:

Er wird erst dann jedes Ihrer Worte verstehen, nachdem Sie dieses Buch komplett mit ihm durchgearbeitet haben.

Eine Erziehung, bei der Sie konsequent bleiben, ist ganz leicht. Erziehung bei ganz jungen Hunden funktioniert wunderbar, so lange man das Erziehungsprogramm freundlich und liebevoll gestaltet, sehr konsequent bleibt und den Unterricht kurz und knapp hält. Ein Welpe hat eine fabelhafte Konzentrationsfähigkeit: Sie sind sein gesamtes Universum. In diesen ersten paar Monaten kommt er überhaupt nicht auf die Idee, Sie wirklich ernsthaft zu testen oder zu provozieren. Stattdessen ist er damit beschäftigt, in Ihrer Nähe zu bleiben, es Ihnen recht zu machen und sich Ihre Zuwendung zu sichern.

Und wenn Sie Ihre konsequente Erziehung ein Jahr lang durchhalten – die Ihnen bald zur zweiten Natur wird, und überhaupt: was ist das schon in Anbetracht der ca. 15 Jahre, die Sie mit Ihrem Hund verbringen werden – wird auch die Pubertät Ihres Wunderhunds kein echtes Problem. Auf jeden Fall wissen Sie, wie es zu lösen ist.

Erziehung eines Hundes bedarf Geduld, Konsequenz und einen guten Sinn für Humor. Aber ein gut erzogener Hund ist unwiderstehlich, darf überall hin mit, teilt mit Ihnen Abenteuer, Picknicks und langweilige Botengänge, hört Ihnen aufmerksam zu und kritisiert Sie niemals.

Der gut erzogene Hund war doch der, den Sie sich ursprünglich gewünscht haben.

# Grundlagen

Ob das mit der Erziehung Ihres Hundes etwas wird, hängt ganz von Ihnen ab: Zur Hundeerziehung braucht man Ruhe, Geduld, Konsequenz und eine gute Reaktion. Es ist Ihre Aufgabe, Ihrem Hund zu erklären, was Sie von ihm wollen. Die ganze Geschichte mit der Erziehung war schließlich nicht seine Idee. Sie müssen ihm die neuen Regeln so erklären, dass er sie verstehen kann. Er hat keine Ahnung, warum Ihnen so viel an »Bei Fuß!« liegt. Er versteht auch nicht, wieso er den Mülleimer nicht ausräumen darf. Immerhin scheint da noch etwas Essbares drin zu sein, und wenn Sie es nicht mehr möchten, wieso kann er es dann nicht haben?

## Der Ton macht die Musik

Brüllen Sie Fifi nicht an. Hunde hören etwa 12-mal so gut wie Menschen, er hört Sie also auch sehr gut, wenn Sie nur flüstern. Wenn er nicht auf Sie achtet, wird Ihr Geschrei auch keinen Unterschied machen. Bringen Sie Fifi stattdessen bei, dass es sich lohnt, auf Sie zu achten: Sie sorgen für Liebe, Spaß und Abenteuer. Aber nur, wenn er Ihnen zuhört. Geben Sie Ihre Kommandos in normaler, heiterer Stimmlage. Loben Sie ihn, wenn er es richtig macht. Wenn Sie Ihren Hund unterbrechen oder zurechtweisen, schreien Sie nicht herum, sondern sprechen Sie mit fester Stimme, streng, ruhig und deutlich.

Stellen Sie sich vor, dass Sie Ihrem Hund eine neue Sprache beibringen. Er hat bisher nicht die geringste Ahnung, was das Wort »Sitz!« be-

deuten soll. Es ist Ihr Job, ihm die Bedeutung dieses Wortes langsam beizubringen. Wenn Sie ihn plötzlich anbrüllen oder bestrafen, weil Ihnen die Geduld ausgeht, wird er Sie für unzurechnungsfähig halten und Ihnen nicht mehr trauen. Wenn Sie in China in ein Taxi steigen und mühsam die Adresse mitteilen, und der Taxifahrer schreit Sie plötzlich an, fühlen Sie sich dann motiviert, die Unterhaltung fortzusetzen?

Na bitte.

Wenn Sie einen schrecklichen Tag hatten und genervt und angespannt sind, lassen Sie das mit der Erziehung für heute. Wenn Sie krank sind, betrunken oder stoned, vergessen Sie es. Sie können unter solchen Umständen nicht richtig oder gerecht reagieren, das ist physisch unmöglich. Wie gesagt: Zur Hundeerziehung braucht der Mensch Ruhe, Geduld, Konsequenz und eine gute Reaktion.

## Augen- und Körpersprache

Eines der wichtigsten »Werkzeuge« in der Hundeerziehung ist neben Ihrer Stimme Ihre Körpersprache – und die Ihres Hundes. Nachdem Ihr Hund nicht sprechen lernen kann, verlässt er sich immer noch auf seine Fähigkeit, eben diese Körpersprache zu lesen. Der Homo sapiens mit seiner hoch entwickelten Intelligenz und bemerkenswerten Beobachtungsgabe sollte sich ebensolche Mühe geben, die »Hundesprache« zu lernen: Kommunikation funktioniert eben nicht einseitig. Mit ein paar Hundevokabeln erweitern Sie nicht nur Ihren Horizont, sondern bereichern das Verhältnis zu Ihrem und anderen Hunden ganz ungeheuerlich, Sie werden ungeahnte Komik, Pathos und den Ruf der Wildnis erleben. Ganz ohne Langenscheidt.

Mit dieser Geste drückt der Hund Unterwürfigkeit oder Angst aus:

Schwanzwedeln ist Ausdruck von Freundlichkeit. Wenn der Hund sich dabei allerdings ganz steif macht, bedeutet das Schwanzwedeln Aufregung. Wenn er nur mit der Schwanzspitze wackelt, ist er sich nicht so sicher, ob Sie sich über ihn freuen – aber er hofft es.

Indem er seine Schnauze, seinen Kopf oder gar die Pfoten über den Rücken des anderen legt (T-Stellung), signalisiert der Hund seine dominante Position.

Ein offenes »Lachen« lädt zum Spielen ein. Oder Ihr Hund hat gerade einen besonders guten Witz gemacht.

Pfotegeben ist ein Überbleibsel des Milchtritts des winzigen Welpen, der Ihr Hund einmal war, und nun eine Unterwerfungsgeste oder eine freundliche Aufforderung zum Spiel oder Streicheln. Fordern Sie ihn jedesmal, wenn er es macht, zum »Pfotegeben« auf – voilá! Schon kennt Ihr Hund ein Kunststück.

Das Besteigen eines anderen Hundes – vor allem unter Rüden – ist nichts anderes, als das Demonstrieren von Dominanz des Alphahundes über den buchstäblich »unteren«. Während Hunde das untereinander austragen sollen, darf man sich das Besteigen als Mensch überhaupt nicht gefallen lassen.

Einem Hund mit Bürste entlang seiner Wirbelsäule stehen buchstäblich »die Haare zu Berge« das heißt, er ist äußerst angespannt. Steifer Gang, Ohren aufgerichtet, Bürste, Rute steif emporgehalten: Damit macht sich ein wirklich ärgerlicher, aggressiver Hund größer. Seine Augen blicken starr, und kurz, bevor alles zu spät ist, fletscht er vielleicht noch die Zähne.

Der unterwürfige Hund bietet so seinen schutzlosen Bauch dar. Jeder Hund, jeder Wolf versteht diese Geste, die heißt: »He, ich bin ganz klein und kein bisschen gefährlich, tu' mir nix.« Junge Hunde nehmen diese Stellung häufig älteren, dominanten Hunden gegenüber ein. Ein Hund in dieser Stellung wird nicht bestraft oder angeschnauzt: Er hat die Lektion begriffen.

Hunde achten auf die winzigsten Signale, denn so kommunizieren sie auch untereinander: Durch Körpersprache, indem sie die Ohren anlegen, aufstellen, mit dem Schwanz wedeln, sich steif machen, sich auf den Rücken legen. Hunde, die zusammen wildern, kommunizieren durch Augensignale, wer von rechts, und wer von links kommt. Sie können das auch: Mit einem strengen Blick können Sie Ihren Hund warnen, dergleichen sofort zu unterlassen; mit warmen, freundlichen Augen können Sie ihn von weitem loben. Je mehr Augenkontakt Sie einsetzen, desto mehr wird Ihr Hund auf Sie achten. Wenn er gelernt hat, auf Sie zu achten, können Sie Ihren Hund mit den Augen auffordern, zu kommen, oder ihn nach rechts oder links dirigieren: Fast alle Zirkushunde reagieren auf Augensignale Ihres Herrn. Für Hunde sprechen Gesten lauter als Worte.

Ihr Körper drückt permanent Dinge aus, die Ihnen selber wahrscheinlich gar nicht klar sind. Wenn Sie Ihren Hund rufen und dabei aufrecht und entspannt da stehen, sind die Chancen relativ groß, dass er sich entschließt zu kommen. Wenn Sie Ihren Hund rufen und innerlich beben, weil das

»unmögliche Vieh schon wieder nicht kommt und überhaupt …«, können Sie sicher sein, dass Ihr Körper eine angespannte, wenn nicht gar drohende Haltung annimmt: Kein sehr großer Anreiz, jetzt auf Sie zuzukommen – wer weiß, was dann passiert.

Die Signale mögen winzig sein, Ihr Hund ist aber ein Experte in der »Verständigung ohne Worte«. Um Ihren Hund also erziehen zu können, müssen Sie sich selbst in den Griff bekommen. Wenn Sie ihn mit »Pfui« schimpfen und gleichzeitig Ihr Lachen verbeißen müssen, weil es eigentlich sehr niedlich aussieht, wie er da mit allen vier Füßen im Käsekuchen steht, merkt er genau, was los ist: Ihre Augen verraten ihm, dass Sie es gar nicht so ernst meinen.

Machen Sie also nur »komplette« Ansagen: Wenn Sie »Pfui« meinen, drücken Sie das auch aus, in der Stimme, in der Haltung, mit den Augen. Er weiß immer, was Sie fühlen und denken, also schicken Sie ihm keine unklaren Botschaften.

Wenn Sie klar und bei der Sache bleiben, spart Ihnen das unendlich viele Missverständnisse und Zeit bei der Erziehung Ihres Hundes.

Ganz einfach, eigentlich.

Es ist manchmal schwer, sich unter Kontrolle zu behalten. Schließlich hat man Lumpi doch schon tausendmal gesagt – und jetzt hat er schon wieder – dabei weiß er doch genau … Das ist auch der Grund, weshalb es für Außenstehende oder Profi-Ausbilder oft viel leichter ist, Ihren Hund zu erziehen: Weil sie nicht emotional auf Ihren Hund reagieren. Sie nehmen seine vermeintlichen Verweigerungen nicht persönlich, sondern versuchen es einfach noch einmal. Und noch einmal. Und wieder. Bis es klappt. Braver Hund. Es nützt Ihnen allerdings nichts, wenn Ihr Hund anderen Leuten gehorcht: Sie müssen da mit ihm durch. Bis es auch mit Ihnen klappt. Braver Hund.

Erinnern Sie sich während der Erziehung Ihres Hundes immer wieder daran, dass er nur ein Hund ist. Er macht sich nicht »absichtlich« über Sie lustig. Er versucht nicht, Sie zu verletzen. Er ist nicht »böse« oder bockig. Er ist nur ein Hund, der noch nicht verstanden hat, wo seine Grenzen sind und ausprobiert, wie weit er gehen kann. Sonst nichts. Er meint es nicht persönlich. Er ist nur ein Hund. Erinnern Sie sich immer wieder daran.

## Geduld und Konsequenz

Das schwierigste daran, einen Hund zu erziehen, ist eigentlich, immer unglaublich geduldig und konsequent zu bleiben. Sie müssen eine Routine schaffen, an die Sie und Ihr Hund sich halten können: Wie bei kleinen Kindern gibt Routine Hunden Sicherheit, während es für Sie dann zum normalen Tages-Programm wird, wie Zähneputzen, und nichts, was Ihren Tag durcheinander bringt: Gehen Sie zu möglichst gleichen Zeiten spazieren, machen Sie die Erziehungsarbeit zu bestimmten Zeiten, nachdem er sich gelöst hat, geben Sie ihm einen Hundekuchen, bevor er zur Nacht auf seinen Platz geschickt wird. Werden Sie einschätzbar. Geben Sie ihm etwas, worauf er sich freuen kann.

# Wie man seinen Hund zur Arbeit kleidet

Wenn man sich in Hundegeschäften umsieht, ist das Angebot für Erziehungsaccessoires überwältigend. Um Hunden die Grundsätze menschlichen Zusammenlebens beizubringen, gibt es Kopfhalter, Flexileinen, Clicker, Geschirre, Würgehalsbänder, Stachelhalsbänder, Halsbänder mit Melissenduft, elektrische Halsbänder und Dinge, die aussehen, als gehörten sie in Geschäfte in Rotlichtbezirken, nicht aber in die Hand von Hundefreunden.

Alles dazu da, dem Hundehalter die Erziehung und Haltung seines besten Freundes irgendwie zu erleichtern.

Ich bin nicht der Meinung, dass man jedesmal den Buchdruck neu erfinden muss, um ein Buch zu schreiben, und auch nicht, dass es besonderer Ausrüstung bedarf, um einen Hund auszubilden. Meine Großmutter nahm dazu ein Halsband und eine Leine, und ihre Hunde gehorchten allesamt fabelhaft. Hunde haben sich seitdem nicht wirklich verändert: Sie sind, wenn man so will, ganz altmodisch.

Komplizierte Leinen- oder Geschirrvorrichtungen verändern gewöhnlich nicht das Verhältnis von Herr und Hund, aber gerade darum geht es. Ein »Halti«-Kopfhalter lindert nur den Druck auf meinen Arm, wenn mein Hund so zieht, als hinge sein Leben davon ab, bringt ihm aber nicht bei, besser auf mich zu achten.

Er lernt damit noch lange nicht, mich zuerst durch die Tür zu lassen, oder sich nur dann neben mich aufs Sofa zu setzen, wenn ich es will. Ich bin der Meinung, dass Hunde dann lernen, wenn sie verstehen, was man

von ihnen will. Dazu braucht man keine aufwändigen Requisiten. Was für Handwerkszeug braucht der Hund also?

- Ein Welpe braucht im Laufe seiner Jugend mehrere Halsbänder, weil er nämlich aus einigen herauswächst. Ganz zu Anfang sind am besten ein weiches, simples Nylonhalsband und eine weiche, leichte Hundeleine. Bei kleinen Rassen eignen sich besonders gut Katzenhalsbänder und -leinen.

- Später braucht er ein normales, verstellbares Halsband aus Leder, Nylon oder Kette, mit einem gravierten Plättchen, auf dem seine Telefonnummer steht. An diesem Halsband ist er für Sie »erreichbar«, wenn Sie ihn festhalten oder korrigieren müssen.

- Ein Ketten-Zughalsband, die es in verschiedenen Größen und Stärken gibt, der Größe beziehungsweise dem Gewicht Ihres Hundes angepasst. Bei sehr kleinen Hunden ist gewöhnlich ein Nylon-Zughalsband ausreichend. Und *ganz* kleine Hunde, wie Yorkshires oder Chihuahuas, darf man *unter keinen Umständen* mit einem Ruck am Halsband korrigieren, weil ihr Knochengebäude das nicht aushält.

Eine 10-m-Feldleine aus Nylon.

Eine einfache Leine von ca. 1,50 m Länge. Nylonleinen sind praktisch unzerkaubar, und sie halten jeden Elefanten aus. Die breiten, verstellbaren bunten Nylonleinen sind allerdings auch recht schwer und unbequem zu halten. Und wer je Brandwunden an den Händen hatte, nachdem ein ziehender Hund die gesamte Leine durch die Hand gezogen hat, investiert gerne ein paar Mark mehr in eine Lederleine. Solange Fifi sie nicht erwischt und zerkaut, hält sie ein Leben lang, ist leicht und wird mit Gebrauch angenehm weich.

Eine Hundepfeife. Wenn Sie immer und in allen Lebenslagen fabelhaft pfeifen können, können Sie auf die Pfeife verzichten. Gerade aber, wenn Ihr Hund zu einer Rasse gehört, der sich gerne weit von Ihnen entfernt, ist der spitze Ton der Hundepfeife nicht zu verachten: Die kann er hören, ob's stürmt oder schneit, blitzt oder donnert, egal, wie laut die Enten schnattern oder der Trecker brummt.

# Wie man seinem Hund Respekt beibringt

Wenn Sie einen jungen Hund ins Haus bringen, sind Sie zuerst einmal seine ganze Welt, seine Ersatzmutter, sein Familienersatz, sein Futterspender, und vor allem seine Leitfigur. Nichts auf der Welt gibt einem Hund ein sichereres Gefühl, als eine starke Führungspersönlichkeit vor sich zu sehen, eine Alpha-Person, wie man das in der Hundefachsprache ausdrückt, die weiß, wo's langgeht. Alpha ist der Schlüssel zur Mensch-Hund-Beziehung. Wenn Sie Alpha sind, haben Sie in Ihrem Hund einen Freund fürs Leben. Wenn er Alpha ist, haben Sie ein Problem.

Der Alpha-Wolf macht sich groß, bellt, beansprucht selbstverständlich den besten Platz für sich und markiert mit großem Selbstvertrauen sein Territorium. Ein Unter-Hund dagegen vermeidet Augenkontakt, macht zögerliche Bewegungen, nähert sich eher seitlich, als von vorne, und steht mit gesenkten Schultern da. Hunde interpretieren zögerliche, nervöse oder zurückhaltende Bewegungen als Schwäche. Wer so agiert, möchte aus ihrer Sicht keine Kontrolle oder Verantwortung überneh-

men. Hunde trauen nur dem Anführer, der sich diese Position auch selbst zutraut. Bei der ganzen Aufzucht und Erziehung eines jungen Hundes geht es vor allem darum, Ihre Leit-Position deutlich zu machen: Wenn Ihr Hund einmal verstanden hat, dass Sie Alpha sind, wird er Ihnen aufmerksam zugetan sein, und die Erziehung ist ein Kinderspiel. Ein Hund, der die Alpha-Position selbst übernommen hat, lässt sich von Ihnen auch nicht erziehen: Er nimmt Sie einfach nicht ernst. Er gehorcht nur dann, wenn er gerade nichts Besseres vor hat,

markiert die Vorhänge, räumt den Mülleimer aus und hat noch viele andere scheußliche Ideen.

Sie müssen Ihrem Hund klarmachen, dass es auf der Welt überhaupt nichts Wundervolleres gibt, als Ihnen zu folgen. Wo Sie sind, gibt es

Abenteuer. Wo Sie sind, wird man am Bauch gekrault. Wo Sie sind, ist das Leben. Na bitte. Falls Ihr Lebenspartner das bisher nicht verstanden hat: Hier ist Ihre zweite Chance.

## Das Komm-mit-Spiel

Aus diesem Spiel entwickelt sich die Aufforderung »Komm!«, die Grundlage für alle anderen Kommandos ist. Dies ist eine sehr einfache Methode, Ihrem Hund beizubringen, auf Sie zu achten: Indem Sie ihn dazu anhalten, immer hinter ihnen her zu laufen durchs Haus, durch den Garten, durch den Hof, werden Sie im ganzen Sinne des Wortes zu seinem Anführer. Laufen Sie durch die Wohnung, rufen Sie ihr Hündchen mit fröhlicher, auffordernder Stimme beim Namen und benutzen Sie ein Quietschtier oder einen Ball, um ihn zum Folgen zu bewegen. Wenn er Ihnen hinterherläuft, loben Sie ihn begeistert.

Das alles können Sie nebenbei auf dem Weg zur Waschmaschine, zum Schreibtisch oder in die Küche machen. Niemals dürfen Sie Fifi bei dieser Übung streng rufen, schreien oder ungeduldig sein: Dies soll ein

Spiel sein, und zwar für Sie beide. Spielen Sie das Komm-mit-Spiel zehn Minuten lang morgens und noch einmal zehn Minuten lang nachmittags oder abends.

Gleichzeitig fangen Sie an, das Gehen an der Leine zu üben – im Haus. Leinen Sie ihn an, geben Sie ihm nach, damit kein Zug an der Leine entsteht, quietschen Sie mit dem Ball oder locken Sie ihn mit der Stimme, Ihnen jetzt zu folgen.

Nach sechs bis acht Tagen verlegen Sie dieses Spiel zusätzlich in den Garten oder in den Park – allerdings zu Zeiten, zu denen sich nicht sämtliche Hunde der Umgebung auch dort aufhalten: Ihr Hund soll schließlich lernen, sich auf SIE zu konzentrieren. Im eigenen Garten und weit weg von Straßen üben Sie abwechselnd mit und ohne Leine, genau wie im Haus.

Sobald Fifi etwas älter ist und sich besser konzentrieren kann – etwa mit vier, fünf Monaten – und Ihnen fröhlich mit Wackelschwänzchen folgt, fangen Sie an, immer wieder die Richtung zu ändern, erst hierhin, dann dorthin. Wenn Sie an der Leine üben, ziehen Sie ihn niemals, sondern klopfen Sie sich auf den Oberschenkel, rufen Sie ihn, pfeifen Sie, und loben Sie ihn, wenn er Ihnen folgt.

Nach einer Woche mit Zehn-Minuten-Übungen des Richtungswechselns, was dann gut klappen müsste, ändern Sie den Ablauf erneut.

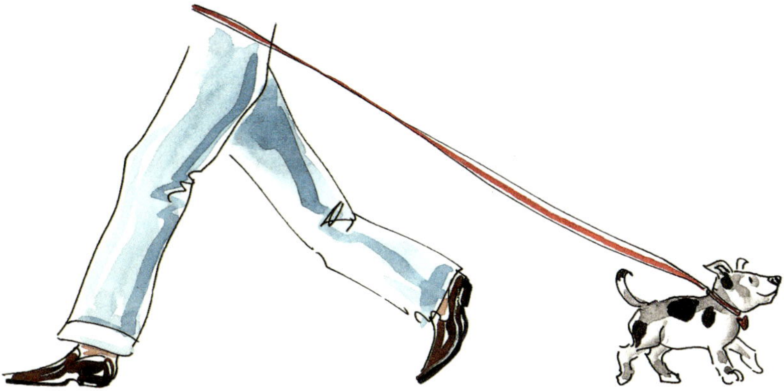

Jetzt wechseln Sie die Richtung, ohne das vorher anzukündigen. Sie rufen nicht, Sie pfeifen nicht, Sie drehen sich einfach um und gehen in die andere Richtung.

Nanu? Auf einmal muss Ihr Hund selber darauf achten, was jetzt passiert. Es ist plötzlich sein Job, auf Sie zu achten. Und genau das wollten wir erreichen: Es ist nämlich immer die Aufgabe des Hundes auf Sie zu achten, nicht andersherum. Das bedeutet, dass er sich nicht hinterherzerren lässt oder vorwärts stürmt, sondern darauf achtet, was Sie vorhaben. Er wartet, wenn Sie stehen bleiben, um Schaufenster zu betrachten oder mit dem Nachbarn zu sprechen, gerät Ihnen nicht zwischen die Füße, und zerrt nicht an der Leine, wenn Sie Ihrem Kind die Schnürsenkel zubinden.

Sie haben hiermit ganz spielerisch und nebenbei den Grundstein für Ihr Verhältnis zu Ihrem Hund gelegt: Sie, der Mensch, sind der Anführer – egal, wie groß oder klein Ihr Hund ist. Es ist sein Job, auf Sie zu achten.

# Lob und Strafe

Lob und Strafe sind dic Erziehungsmethoden, die schon die Mutter Ihres Hündchens bei dessen Erziehung angewendet hat: Wenn er etwas machte, womit sie zufrieden war, leckte sie ihm das Gesicht ab, wenn er frech war, knurrte sie ihn an. Alle Mütter jeder höher entwickelten Spezies funktionieren so. Lob und Strafe sind universell natürliche Erziehungsmethoden.

Die meisten von uns arbeiten besser, wenn wir gelobt werden, als wenn wir kritisiert werden. Ihrem Hund geht es da nicht anders. Wenn Ihr Hund etwas richtig macht und Sie ihm gleich sagen »Fabelhafter Hund! Brav!«, stehen die Chancen ziemlich gut, dass er es gerne wieder tut. Warme Stimme, fröhlicher Gesichtsausdruck und Streicheln sind hervorragende Methoden, um Ihren Hund zu motivieren, das zu tun, was Sie von ihm wollen. Loben Sie Ihr Hündchen dabei nicht zu überschwänglich, schlagen Sie nicht begeistert die Hände zusammen, springen Sie nicht auf und ab, unterbrechen Sie Ihr Erziehungsprogramm nicht vor lauter Glück, sonst ist die ganze Konzentration dahin.

Futterbelohnungen sind zwar praktisch, aber nicht unproblematisch. Die meisten Hunde konzentrieren sich dann viel zu sehr auf den Inhalt Ihrer Manteltasche, statt auf Sie: Es ist besser, wenn Erziehung im Kopf Ihres Hundes stattfindet, anstatt in seinem Magen. Ein Lob bringt das kleine Gehirn Ihres besten Freundes zum Arbeiten, ein Belohnungskeks vor allem seinen Darm.

Allerdings gibt es äußerst »sture« Hunde, die sich überhaupt nur sehr schwer motivieren lassen, aber für die eine oder andere Belohnung alles tun. Wenn überhaupt, sollte man Futterbelohnungen nur sporadisch einsetzen (sowieso hat man sie meistens nicht dabei, wenn man sie braucht). Essen ist Essen, und Erziehung ist etwas ganz anderes.

Eine Hündin straft oder korrigiert ihre Welpen sofort, schnell und gerecht, sobald ihre Grenzen überschritten werden. Sie knurrt, schnappt kurz, packt sie an ihrem Nackenfell oder drückt sie mit der Pfote auf den Boden – je nach Schwere des Vergehens. Und dann ist es vorbei. Sie rennt nicht hinter ihnen her und nörgelt, »Nein, Fido, lass' das! Fido, nein! NEIN, habe ich gesagt! Hörst Du nicht? Nein, nein, und nochmals nein!« Sie arbeitet auch nicht mit Futterbelohnungen. Sie gibt ihm keine Kekse nebenbei, sie besticht ihn nicht mit Leberwurstbrot und schickt ihn auch nicht ohne Abendessen ins Bett. Und dennoch gehorchen alle Welpen ihrer Mutter trotzdem nach kürzester Zeit: Weil sie ihnen nämlich so genau vermitteln kann, was sie meint.

Sie brauchen Ihren Hund nicht anknurren oder sein Nackenfell zwischen die Zähne nehmen. Ein festes »Nein!« entspricht sehr gut einem Knurren. Das Packen des Nackenfells ist mit einem kurzen, schnellen Ruck und wieder Loslassen am Halsband mit der Leine vergleichbar, verbunden mit einem scharfen »Nein!« und festem Augenkontakt: Es geht dabei nicht um Körperkraft, sondern um den richtigen Zeitpunkt – der genaue Moment nämlich, in dem Ihr Hund etwas tut, was er nicht soll. Ihrem Hund ist das kurze Zuziehen des Halsbands, verbunden mit der verbalen Ermahnung, unangenehm. Nach kurzer Zeit wird er bereits das Geräusch des Kettenhalsbands beim Zuziehen mit der Ermahnung verbinden, und dementsprechend kann der Ruck ganz leicht werden – Fifi weiß genau, worum es geht.

Seinem Hund zu erlauben, sich hemmungslos in das Zughalsband »hineinzulegen«, ruiniert deshalb auch jeden Strafeffekt: Es ist ihm zwar unangenehm, dass er sich die Luft abschnürt, dadurch, dass das Gefühl aber nicht nachlässt, stemmt er sich nur umso mehr ins Halsband, um der Strangulierung zu entkommen.

In *sehr* seltenen Fällen sind körperliche Strafen notwendig, wenn Ihr Hund sich wirklich grauenvoll benimmt, vor Ihren Augen vom Tisch die Weihnachtsgans stiehlt oder den Grill abräumt, ein Kind anknurrt oder den Teppich frisst. In diesen Momenten packen Sie Ihr Zauberhündchen am Nackenfell, schütteln es kurz und donnern Sie ein »Nein!« mit deutlichem Drama und sehr strengem Blickkontakt. Niemals wird in solchen Fällen irgendein Objekt eingesetzt oder mit der zusammengerollten Zeitung geschlagen. Zeitungen sind zum Lesen da, und jede Sekunde, die man mit dem Suchen nach einem geeigneten Gegenstand verbringt, ist ja längst eine verlorene Sekunde: Die Bestrafung kommt zu spät.

## »Nein!« und »Okay!«

»Nein!« und »Okay!« (oder »Brav!«, oder was immer Ihnen leicht über die Lippen kommt) sind sozusagen die Grundwörter der Hundeerziehung und genauso wichtig wie Halsband oder Leine: »Nein!« Ihre

Art zu knurren, in etwas tieferer Stimmlage als Ihre übliche, während »Okay!« ein Liebeslied ist, ein Hurra, ein Jubeln.

Mit Bestrafung oder »Korrektur« soll dem Hund beigebracht werden, was für ein Verhalten man nicht möchte: Lehren kann man dem Hund nur dann etwas, wenn es ruhig und nachvollziehbar ausgeführt wird. Einen Hund zu verprügeln, ihn für Stunden wegzusperren, ihn anzubrüllen ist keine gerechte, nachvollziehbare Strafe für einen Hund, sondern dient nur dazu, die verletzten Gefühle des Hundebesitzers zu befriedigen.

Wenn Ihr Hund so reagiert, wie Sie es von ihm wollten, loben Sie ihn immer ganz deutlich dafür, dass er so außerordentlich klug ist. Er wird anfangs nicht genau wissen, wofür Sie ihn eigentlich loben, aber er wird begeistert sein: »Stimmt, ich war ziemlich wundervoll, sehe ich auch so«, wird seine Miene sagen.

Loben Sie Ihren Hund nicht kontinuierlich und andauernd dafür, dass es ihn gibt – sonst kann er gar nicht mehr unterscheiden, wann er etwas besonders gut gemacht hat.

Finden Sie die richtige Dosis für Lob und Strafe heraus. Manche Hunde können nur ganz kurz und knapp gelobt werden, weil sie sonst völlig aus dem Häuschen geraten und die ganze Konzentration dahin ist. Manche Hunde sinken vor Erschütterung gleich ganz in sich zusammen, wenn man nur ein »Nein!« flüstert, andere brauchen eine klare, feste, strenge Ansage.

- Wenn Sie ihm ein ganz neues Kommando beibringen, müssen Sie ihn schon loben, wenn er nur andeutungsweise das tut, was Sie von ihm wollten.

- Zur Strafe werden keine Zeitungen oder Gegenstände verwendet. Es wird auch nichts nach dem Hund geworfen – nur Ihre Stimme: fest, streng, deutlich.

- Das Wort »Nein!« ist das wichtigste Wort, das Ihr Hund lernen soll. Es hält ihn davon ab, unerwünschte oder gefährliche Dinge zu tun.

## Der richtige Zeitpunkt

Hunde denken sehr einfach: Die Dinge sind entweder richtig, oder falsch. Dazwischen gibt es nichts: »Ein bisschen falsch« oder »nicht so schlimm« gibt es bei Hunden nicht. Entweder, man macht etwas, oder man macht es nicht. Ganz leicht, oder?

Loben Sie Ihren Hund also, wenn er etwas richtig macht, geben Sie ihm Ihre Genehmigung, wenn Sie sehen, dass er gerade etwas tun möchte, das Sie befürworten. Aber unterbrechen Sie Verhalten, das Sie nicht wollen, *bevor* es passiert, und rügen Sie Fehler, *während* Sie geschehen. Niemals hinterher. Das kann der Hund nicht verstehen.

Hunde leben ausschließlich im Moment. Sie denken nicht an gestern oder morgen. Sie haben auch kein gutes oder schlechtes Gewissen. Das hat nur der Mensch, und auch dafür gibt es keine Beweise. Wenn Fifi den Mülleimer ausräumt, mit einem anderen Hund spielt oder eine Spur verfolgt, denkt er nicht darüber nach, was nachher passieren könnte. Wenn er hinterher angeschlichen kommt, wenn Sie ihn rufen, liegt das an Ihrer bedrohlichen Körperhaltung, die ihn ängstlich die Ohren anlegen lässt.

Um Fifi klarzumachen, was man billigt und was nicht, ist es absolut notwendig, für Strafe oder Lob, Unterbrechungen, Genehmigungen oder Verbote absolut den richtigen Moment zu erwischen.

Sie müssen ihn *genau dann* loben, wenn er etwas Richtiges tut. Wenn Sie ihn heranrufen und er kommt, loben Sie ihn, sobald er bei Ihnen angekommen ist. Wenn Sie ihm das Kommando zum Sitzen geben, loben Sie ihn, sobald sein Hinterteil den Boden berührt.

Dasselbe gilt für Unterbrechungen oder Strafen: Wenn Sie sehen, dass Fifi etwas vorhat, was Ihnen nicht gefällt – er überlegt sich, ob er mit seinen Matschpfoten aufs Sofa springen soll, er misst mit den Augen ab, ob der Käsekuchen auf dem Teetisch vielleicht mit einem einzigen Biss in sein Maul passt – unterbrechen Sie ihn *sofort*: »Fifi, nein!«

Das macht Eindruck. Sie haben bewiesen, dass Sie Hundegedanken lesen können. Sie sind ein Überhund. Man nimmt sie besser ernst.

*Einige Sekunden später*, und Sie haben den richtigen Moment schon verpasst: Fifi hat beschlossen, dass ihm nicht nach Käsekuchen ist, oder dass er sich im Garten noch einmal im Dreck wälzen will, bevor er sich aufs Sofa legt – jedenfalls hat er sich schon abgewendet, schnüffelt vielleicht an seinem Ball, und Sie sagen unvermittelt: »Fifi, vergiss' es!« Er starrt Sie an, völlig durcheinander. Wieso soll er seinen Ball nicht ansehen? Was wollen Sie überhaupt?

Eine ganze halbe Stunde später, und Fifi weiß längst nicht mehr, wovon Sie reden: Der Käsekuchen ist bereits durch sein Verdauungssystem passiert, Fifi hat in der Zwischenzeit die Katze geneckt oder ein Nickerchen gemacht, und Sie bekommen plötzlich einen hysterischen Anfall, wenn Sie die leere Kuchenplatte entdecken: Zu spät.

# Stubenreinheit

Stubenreinheit ist außer »Komm!« ein weiterer Punkt, über den sich alle Hundebesitzer – selbst die ganz und gar anti-autoritär eingestellten – einig sind: Kein Mensch will mit einem Hund zusammen leben, der nicht stubenrein ist.

Ein erwachsener Hund, der die Grundregeln des menschlichen Zusammenlebens bereits verstanden hat, und plötzlich wieder damit anfängt, ins Haus zu machen, versucht auf seine eigene, charmante Weise, Ihnen damit etwas mitzuteilen: Etwa, dass ihm Ihr neues Baby nicht gefällt; oder der Zweithund; oder dass er zu lange/zu oft alleine gelassen wird; oder, dass er Sie nicht ernst nimmt und beschlossen hat, Ihnen mal zu zeigen, wessen Haus das hier eigentlich ist. Gehen Sie in sich und versuchen Sie herauszufinden, ob und was sich in der letzten Zeit geändert hat, ob Ihr Hund vielleicht recht damit hat, dass Sie sich zu wenig um ihn kümmern, oder ob Sie noch einmal deutlich machen müssen, wer hier Alpha ist.

Wenn Ihr Hund noch ein Welpe ist, haben Sie es mit einem simplen physischen Problem zu tun: Was in Ihren Welpen hineingeht, muss auch wieder hinaus. Junge Hunde haben eine winzige Blase, und die muss eben häufig geleert werden. Je mehr Ihr Welpe herumtobt und sich bewegt, desto öfter muss er aufs Klo. Bewegung fördert die Verdauung, deshalb raten Ärzte uns Menschen auch immer zu mehr Auslauf.

Die Erziehung zur Stubenreinheit erfordert Ihre vollständige Aufmerksamkeit. Danach – gewöhnlich nach drei, vier oder fünf Tagen, bei manchen Hunden dauert es auch mal zwei Wochen (besonders im Winter) – haben Sie allerdings wirklich für den Rest des Lebens Ruhe. In dem Maß, wie ein Hund das Haus seines Herrn als sein Zuhause anerkennt, wird er sein Zuhause auch nicht mehr als Toilette missbrauchen. Das findet er nämlich selber scheußlich.

Die Gesetze der Natur sind dabei ganz einfach: Sobald ein Welpe bis etwa 10 Wochen gefressen oder getrunken hat, muss er pieseln. Die Baby-Muskcln scincr Baby-Blasc odcr scincs Baby-Darms können einfach noch nichts halten, basta. Wenn etwas daneben geht, ist es Ihre Schuld. Das bedeutet, Sie müssen ihn nach beendeter Mahlzeit sofort nehmen und in den Garten/oder vor die Tür und dabei immer an dieselbe Stelle bringen. Sobald Ihr Hündchen sich gelöst hat, loben Sie ihn überschwänglich und bringen Sie ihn wieder hinein. (Draußen spielen können Sie später. Es geht jetzt darum, dass er versteht, was Sie nach dem Essen von ihm erwarten.)

Wenn er von einem Schläfchen aufwacht, machen Sie das Gleiche: Hündchen nach draußen, an die gleiche Stelle, loben, wunderbar, nichts wie hinein. Und etwa alle zwei Stunden, in denen er wach war und gespielt hat. Auch bei Regen, Sturm oder Schnee. Wenn Sie zu faul sind, die Angelegenheit konsequent durchzustehen, wieso soll Ihr Hund dann zuverlässig werden?

*Sie müssen dabei bleiben, bis er sich gelöst hat.* Sonst haben Sie erstens keine Kontrolle, ob er nun Ihre Erwartungen erfüllt hat, und außerdem können Sie ihn nicht für seine fabelhafte Tat loben. Ihn auf Verdacht zu loben, wenn Sie ihn von draußen hereinrufen, erfüllt nicht den Zweck: Ihr Hündchen wird denken, Sie freuen sich einfach, es zu sehen.

Wenn Sie ihn dabei erwischen, dass Ihr Hund an einer falschen Stelle – nämlich im Haus – pieseln will, unterbrechen Sie ihn sofort: Sagen Sie fest »Nein!« oder »Pfui!«, nehmen Sie ihn hoch und bringen Sie ihn an seine vertraute Stelle. Reinigen Sie die »Pfui«-Stelle mit Glasreiniger oder speziellen Fleckentfernern aus dem Tierhandel, damit Sie keine Flecken behalten, aber vor allem, damit vertraute Gerüche Ihren Hund nicht dazu verleiten, an diese Stelle seinen beheizten Pipi-Platz zu verlegen. *Keinesfalls werden Hunde noch mit der Nase in ihre Pfützen oder Haufen gestoßen oder angeschrien.* Das sind militante Methoden, die hoffentlich an der Schwelle des neuen Jahrtausends zurückgelassen wurden, miserable Hunde-Etikette und außerdem völlig sinnlos.

Das letzte Mal gehen Sie mit ihm nach draußen, bevor Sie selbst schlafen gehen. Nachts behalten Sie ihn am besten in einem gemütlichen, hohen Karton, aus dem er nicht aussteigen kann, neben Ihrem Bett. Kein Hund macht freiwillig in sein Bett: Wenn Sie also hören, dass er unruhig wird, bringen Sie ihn an die bekannte Stelle nach draußen. Loben, hurra, und ab ins Bett bzw. den Karton. Sobald das Hündchen selbstbewusster ist und durchschläft, kann er auch in der Küche – oder wo Sie ihn schlafen lassen wollen – bleiben: Möglichst auch dort in seinem Karton, aus dem er nicht aussteigen kann. Morgens werfen Sie sich in ihre Kleider – ohne Zähneputzen – und gehen sofort mit Ihrem Hündchen nach draußen. Braver Hund!

# Welpenzeitplan

Ca. 6.30 Uhr: Aufstehen, anziehen, Hündchen hinausbringen.

Duschen, Zähne putzen, Frühstücken, Hündchen füttern, wieder nach draußen.

Danach Spiel und Spaß und wieder ein bisschen Schlaf für Ihr Hundekind.

Nach dem Aufwachen wieder nach draußen.

Alle zwei bis drei Stunden mit dem Hündchen nach draußen: Den persönlichen Rhythmus Ihres Hundes finden Sie schnell heraus.

Zweite Fütterung gegen 12.00 Uhr. Danach wieder nach draußen.

Wieder Spiel und Spaß und Schlaf. (Wer immer den Begriff »Hundeleben« prägte, wusste nicht, wovon er sprach.)

Wieder alle zwei bis drei Stunden...

Dritte Fütterung des kleinen Raubtieres gegen 17.00–17.30 Uhr.

Haben Sie Geduld. Rom wurde auch nicht in einem Tag gebaut, und wie schnell klappte das damals eigentlich bei Ihnen selbst?

Geben Sie Ihrem Welpen im allereigensten Interesse nach seiner letzten Fütterung nichts mehr zu fressen, nur freien Zugang zu seinem Wasser: Je leerer sein Magen, desto leerer sein Darm, desto ruhiger Ihre Nacht. Und der Schlaf wird Ihnen gut tun, nach der vielen ungewohnten Bewegung.

# Grunderziehung

Damit Ihr Hund und Sie nicht aneinander vorbei reden, sollten sie sich von Anfang an auf ein paar grundlegende Kommandos einigen, die sie beide in gleicher Weise verstehen. Wichtig sind absolute Konsequenz, Vorausblick und Einfühlungsvermögen. Ihrem Hund soll es schließlich Spaß machen, Ihnen zu folgen – und Sie sollen Freude an Ihrem Hund haben.

## Kommen, wenn man gerufen wird

Dass der Hund kommt, wenn er gerufen wird, ist vielleicht das einzige Kommando, das alle Hundebesitzer der Welt gleichermaßen wichtig finden. Dummerweise ist es dabei eigentlich eines der schwierigsten Kommandos, bei dem die Konsequenz des Hundehalters am meisten gefragt ist. Es ist außerdem das Kommando, das das Verhältnis zwischen Hund und Herrn am deutlichsten entlarvt. Ein Hund, der seinen Herrn nicht ernst nimmt, kommt nämlich nicht. Ein unabhängiger Hund kommt nicht gerne. Ein Hund, der irgendwann gerufen wurde, um dann bestraft zu werden, kommt erst recht nicht gerne. Ein Hund, der ein paar Mal halbherzig gerufen wurde, und keinerlei Konsequenzen bemerkte, als er nicht kam, wird ein Weltmeister im Ignorieren seines Herrn.

Ein Welpe kommt immer, wenn er gerufen wird. Immerhin sind Sie sein Rudel, seine Futter- und Wärmequelle und damit seine Überlebensmöglichkeit: Der Welpe braucht sie in seiner Nähe, weil er die psychologische Nabelschnur noch dringend braucht.

Das Fundament für das Kommando legt sich ganz einfach: Spielen Sie mit Ihrem Welpen viele, viele »Komm!«-Spiele. Werfen Sie einen Ball und rufen Sie Ihr Hündchen mit »Komm!«, wenn es den Ball zu Ihnen apportiert. Rufen Sie es mit »Komm!«, wenn Sie es füttern. Wenn es bei Ihnen angekommen ist, loben Sie es dafür, dass es so außerordentlich begabt ist. Rufen Sie Ihren Welpen mit »Komm!«, knien Sie sich hin, öffnen Sie die Arme weit und streicheln und herzen Sie ihn begeistert, wenn er zu Ihnen geschossen kommt: Das Wort »Komm!« muss *immer* und unbedingt eine positive Botschaft für Ihren Hund sein.

*Niemals, niemals* dürfen Sie Ihren Hund rufen, um ihn anschließend zu bestrafen. Egal, was für eine Entsetzlichkeit Ihr Hund angestellt hat, dürfen Sie ihn nicht bestrafen, wenn er vertrauensvoll zu Ihnen gekommen ist. Auch nicht, wenn er gerade dabei ist, Ihren Garten in eine Wüstenlandschaft zu verwandeln.

»Lumpi, was machst Du da? Komm' sofort hierher!« Lumpi erkennt das Wort »Komm!« und macht sich auf, dem Befehl nachzukommen. Aber Sie begrüßen ihn mit grimmigem Gesichtsausdruck: »Pfui pfui pfui, Lumpi, was fällt Dir ein: Die schönen Tulpen!« Auch wenn er von Kopf bis Fuß voller Erde ist, hat er auf dem Weg zu Ihnen schon vergessen, dass er gerade noch einen Tunnel nach China in Ihren englischen Rasen gegraben hat. Er wird nur zu der Ansicht gelangen, dass es offenbar keine gute Idee war, dem Wort »Komm!« zu folgen. Also überlegt er es sich beim nächsten Mal mindestens zweimal, ob er kommen soll. Er ist doch nicht blöd.

Wenn Sie ihn bestrafen müssen, gehen Sie zu ihm. Um ihn zu baden, holen Sie ihn. Um irgendetwas zu tun, was Ihrem Hund unangenehm ist, gehen Sie zu ihm. Lassen Sie ihn nicht kommen, um sich bei Ihnen eine unliebsame Behandlung abzuholen. Je selbstständiger das Hündchen wird, desto elastischer wird die psycholgische Nabelschnur. (Nabelschnüre waren nie dafür gedacht, ewig zu halten. Aber gelernt ist gelernt. Für immer.) Jetzt sind Sie nicht mehr notwendigerweise jede Sekunde der hellste Stern seines Universums, wenn es etwas anderes Interessantes auf seinem Weg gibt. Falls Fifi das ganz förmliche »Komm!« als Kommando bisher noch nicht gelernt hat, ist jetzt Ihr Einsatz gefragt.

Beginnen Sie im Haus. Rufen Sie Ihren Hund mit fröhlicher Stimme, und wenn er bei Ihnen *angekommen* ist, loben Sie ihn ausgiebig. Nicht vorher: Nicht der grundsätzliche Plan, in Ihre Richtung zu gehen, ist lobenswert, sondern das Ankommen bei Ihnen.

Wenn er nicht kommt, locken Sie ihn mit einem Quietschtier, pfeifen Sie, knistern Sie mit einer Tüte oder Papier, *singen* Sie Ihr »Komm!«. Wenn Sie einen sehr unabhängigen Hund haben, der sich immer erst zweimal überlegt, was bei der Sache für ihn herausspringen könnte, belohnen Sie ihn mit einem Keks. Beim nächsten Mal kommt er bestimmt ganz schnell.

Sobald das Kommen im Haus gut klappt, gehen Sie mit ihm nach draußen in den Garten oder auf eine Wiese, wo man möglichst ungestört arbeiten kann (auf der Hundewiese gibt es für dieses Erziehungsstadium zu viel Ablenkung). Leinen Sie ihn an die lange Feldleine, lassen Sie ihn loslaufen, und rufen Sie ihn. Wenn er

nicht kommt, geben Sie ihm einen leichten Ruck mit der Leine und rufen Sie wieder »Komm!«. Loben Sie ihn ausgiebig, wenn er bei Ihnen angekommen ist.

Vergrößern Sie den Abstand zwischen sich und Ihrem Hund immer mehr, bevor Sie ihn rufen.

Wenn das »Komm!« an der langen Leine klappt, probieren Sie es ohne Leine in einer Umgebung, in der nichts passieren kann, wenn er plötzlich losrennen sollte. Rufen Sie ihn. Wenn er nicht auf Sie achtet, pfeifen Sie, rascheln Sie mit einer Tüte oder quietschen Sie mit einem Quietschtier, und loben Sie ihn sehr, wenn er kommt.

Wenn Ihr Hund vergnügt aus den verschiedensten Richtungen und Entfernungen angelaufen kommt, sobald Sie ihn rufen, werden langsam unterschiedliche Ablenkungen ins Programm eingebaut. Bitten Sie Ihre Kinder/Freund/Ehemann in Sichtweite Ball zu spielen, wenn Sie das »Komm!« üben: Hierzu muss Ihr Hund wieder an die Feldleine, damit Sie sofort mit einem kleinen Ruck eingreifen können, falls er den Ball toller findet als Sie: Er darf nicht lernen, dass ein Widersetzen zu einem positiven Erlebnis werden kann – und, wenn wir ehrlich sind: Käme Ihnen als junger Hund ein anständiges Fußballspiel nicht auch attraktiver vor, als dieses dauernde »Komm«?

Rufen Sie Ihren Hund nur einmal. Wenn er nicht reagiert, zupfen Sie an der Feldleine und ziehen ihn mit gewissem Nachdruck zu sich heran. Wenn er bei Ihnen angekommen ist, loben Sie ihn kurz und machen Sie sich umgehend auf die Socken, um wieder Raum zwischen sich und Ihren Hund zu bringen, und wiederholen Sie das Spiel. Das Wiederholen der Kommandos, bis der Hund sich irgendwann bequemt, zu gehorchen, bringt Fifi nur bei, Ihre Kommandos zu ignorieren.

Benutzen Sie beim zweiten Mal einen »Köder« wie Hundekeks, eine raschelnde Tüte, Händeklatschen, sich herunterbeugen, während Sie an der Feldleine zupfen. Fangen Sie an, das »Komm!« mit einem kurzen, hörbaren Pfiff – »freihändig« oder mit Hundepfeife zu verbinden.

Wenn Sie sicher sein können, dass Ihr Hund nicht kommen wird, wenn Sie ihn rufen – weil er z. B. gerade mit einem andere Hund tobt –, rufen Sie ihn nicht. Sonst bringen Sie ihm nur bei, nicht auf Sie zu hören. Gehen Sie stattdessen und holen Sie ihn.

Wenn Ihr Hund trotz Ablenkungen gut und schnell auf das »Komm!« oder den Pfiff reagiert, gehen Sie näher an die Ablenkungen heran.

Verlangen Sie nicht zu viel. Seien Sie geduldig mit den Fortschritten, und vergrößern Sie den Abstand zwischen sich und Ihrem Hund nicht zu schnell. Je zahlreicher die Ablenkungen, desto geringer der Abstand zwischen Ihnen und Ihrem Hund. Zuverlässiges Kommen dauert lange, bei manchen Rassen muss man ein Leben lang immer wieder wiederholen, was »Komm!« bedeutet. Fürchten Sie sich nicht. Mit Geduld und Konsequenz kann es jeder Hundehalter lernen. Und sein Hund auch.

# Sitz!

»Sitz!« ist ein wunderbares Kommando. Es bringt Ihren Hund dazu, sich auf Sie zu konzentrieren, wenn er eigentlich andere Dinge im Kopf hat, es bremst ihn vor dem Überqueren der Straße, es hält ihn still, wenn Sie ihn bürsten, sein Futter zubereiten oder sich mit dem Nachbarn unterhalten.

Und Hunde lernen es gewöhnlich ziemlich schnell, und zwar so:

- Leinen Sie Ihren Hund an, damit er sich nicht mitten in der Übung davon machen kann. Stellen Sie sich neben Ihren großen Hund oder hocken Sie sich neben Ihren kleinen Hund. Während Sie mit sanfter Autorität »Sitz!« sagen, drücken Sie sanft sein Hinterteil hinunter.

- Sobald er sitzt, loben Sie ihn dafür, wie hochintelligent er ist. Wenn er dann begeistert aufspringt, loben Sie ihn das

nächste Mal ruhiger oder nur mit Ihrer Stimme, damit er Ihr Lob nicht als Signal missversteht, dass die Übung jetzt vorbei ist. Erst mit dem Wort »Okay!« erlauben Sie ihm aufzustehen. *Er darf nicht selbst entscheiden, wann das Kommando beendet ist.* Wiederholen Sie die »Sitz!«-Übung vier- oder fünfmal. Dann machen Sie etwas anderes.

Sobald Ihr Hund die Grundidee des »Sitz!«-Kommandos verstanden hat, erweitern Sie die Übung. Während Sie »Sitz!« sagen und das Hinterteil Ihres Hund mit einer Hand hinunterdrücken, ziehen Sie mit der Leine das Halsband des Hundes mit einem Mini-Ruck leicht nach oben. Das wird später zur kleinen Erinnerung, wenn er sich mal nicht sofort setzt auf Ihr Kommando. Verringern Sie den Druck Ihrer Hand aufs Hinterteil immer mehr, bis die Hand unnötig wird.

Benutzen Sie »Sitz!« ab jetzt immer, wenn Ihr Hund es Ihnen gerade sowieso gerne recht machen möchte: Bevor Sie ihm seinen Futternapf hinstellen – »Sitz!«; bevor er einen Keks bekommt – »Sitz!«; bevor Sie ihn zum Spaziergang anleinen – »Sitz!«; bevor Sie ihm seinen Stock oder Ball werfen – »Sitz!«. Immer muss dem Kommando nach angemessener Zeit das »Okay« folgen, mit dem Sie ihm erlauben, wieder aufzustehen. Auf diese Weise können Sie das Kommando den ganzen Tag nebenbei üben. Voilà.

## Beenden einer Lektion

Sie müssen immer derjenige sein, der eine Übung beendet. Wenn Sie Ihrem Hund erlauben aufzustehen, wenn es ihm langweilig geworden ist oder er jetzt lieber nachsehen möchte, was die Katze zum Abendessen bekommt, wird er Ihre Kommandos weniger ernst nehmen. Er muss begreifen, dass Sie und Sie allein ihn schon wissen lassen werden, wann er aus einem Kommando entlassen wird, wann er auf Sie achten soll und wann er spielen darf.

## Platz!

Das Kommando »Platz!« entwickelt sich aus dem »Sitz!«-Befehl. Es ist schwieriger für den Hund als »Sitz!«, weil es große Selbstdisziplin von Ihrem Hündchen verlangt, aber eine sehr wichtige Lektion: Mit »Platz!« lernt Ihr Hündchen, sich hinzulegen und ruhig zu verhalten. Außerdem ist es eine gute Dominanz-Übung: Sich Hinzulegen bedeutet für den Hund, seine dominante Haltung aufzugeben.

Beginnen Sie aus dem »Sitz!«. Leinen Sie Fifi an und knien Sie sich neben ihn. Nehmen Sie sein Lieblingsspielzeug in eine Hand, seine Leine in die andere. Lassen Sie ihn an seinem Spielzeug schnuppern. Sagen Sie »Platz!« und schieben Sie das Spielzeug langsam nach vorne vor seine Pfoten, sodass er dem Spielzeug folgt und sich dabei hinlegt. Braver Hund! Halten Sie ihn eine Weile in der »Platz!«-Position, indem Sie Ihre Hand auf seinem Rücken lassen oder Ihren Fuß auf die Leine stellen, sodass er nicht aufstehen kann. Wenn er sich entspannt und nicht versucht, sofort wieder aufzustehen, entlassen Sie ihn aus seiner Pflicht mit »Okay!«

Manche Hunde müssen deutlicher gezeigt bekommen, was man von ihnen erwartet. Dann nehmen Sie aus dem »Sitz!« seine Vorderbeine in die Hände und legen ihren Hund vorsichtig in die »Platz!«-Position. Braver Hund! Außerdem reagieren manche Hunde besser auf Kekse als auf Spielzeug, wenn sie sich ungern hinlegen.

Sobald Ihr Hund ansatzweise verstanden hat, was Sie mit diesem »Platz!«-Wort von ihm wollen, klopfen Sie mit der Hand vor ihm auf den Boden, wenn Sie »Platz!« sagen.

Wenn die Übungen gut klappen, fangen Sie an, mit Ablenkungen zu arbeiten: Arbeiten Sie unter verschiedenen Bedingungen mit ihm; lassen Sie ihn »Platz!« machen, nachdem er auf der Hundewiese gespielt hat, um ihn anzuleinen; lassen Sie ihn auf dem Bürgersteig abliegen, bewegen Sie sich einen Schritt weg von ihm, um ihm das Kommando zu geben, dann zwei Schritte, etc.

Bleiben Sie geduldig, gehen Sie wieder einen Schritt zurück und helfen Sie Fifi, wenn die Ablenkungen dazu führen, dass er seine Konzentration verliert. Versuchen Sie es wieder. Verzweifeln Sie nicht.

## Kein Ziehen an der Leine

Es ist kein Spaß, mit einem Hund spazieren zu gehen, der der Meinung ist, er wäre Teil eines sibirischen Schlittenteams und sein Mensch hinter sich ein schwerer Lastschlitten. Wenn Ihr Hund zieht, können Sie ihn mit der gleichen Kraft zurückziehen. Bei kleinen oder leichten Hunden mag das funktionieren, obwohl es lästig ist. Bei großen, massiven Hunden allerdings ist dieses Vorgehen harte Arbeit, und außerdem werden Sie früher oder später um Physiotherapie nicht herumkommen.

Viel wirksamer ist es, Fifi daran zu erinnern, dass es sein Job ist, auf Sie zu achten. *Sie* geben das Tempo vor, nicht er.

Leinen Sie Ihren Hund an. Gehen Sie mit ihm aus der Tür, und sobald er beginnt, an der Leine zu ziehen, gehen Sie in die andere Richtung. Wenn er dann wieder vorläuft und sich

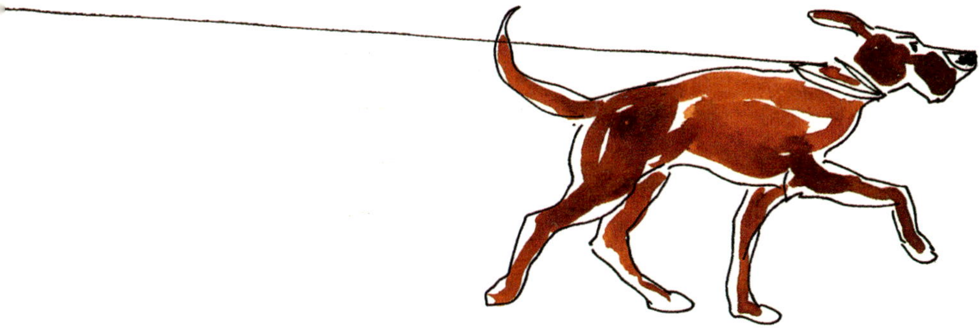

erneut in sein Halsband hängt, gehen Sie sofort in die andere Richtung. Es kann sein, dass Sie bei diesem ersten Gang auf diese Weise nicht sehr weit kommen. Bleiben Sie geduldig. Er *wird* irgendwann verstehen, dass er besser auf Sie achtet, sonst kommt er überhaupt nirgends mehr an.

## Fuß!

»Bei Fuß!« oder »Fuß!« kann man auch schon mit Welpen üben. Ein Hund, der »bei Fuß« geht, ist das Gegenteil von den Hunden, die ihren Herrn die Straße hinunterziehen, als wäre ihre eigentliche Bestimmung die eines arktischen Schlittenhundes. Ein Hund bei Fuß geht auf der linken Seite des Menschen mit dem Kopf auf Knie- oder Knöchelhöhe. Er geht, wenn Sie gehen, und hält an, wenn Sie anhalten. Klingt zu schön, um wahr zu werden? Keine Angst. Wenn Sie es lernen können, kann Ihr Hund es erst recht.

Üben Sie das »Fuß!« Kommando draußen, im Garten, auf einer ruhigen Straße oder in einem ruhigen Park. Ziehen Sie ihrem Hund das Zughalsband über. Lassen Sie ihn links neben Ihrem linken Bein/Fuß/Knie sitzen mit einem »Sitz! – Bleib!«. Nehmen Sie die Leine in die linke Hand, sodass sie kurz ist, aber leicht durchhängt. Den anderen Teil der Leine mit der Schlaufe halten Sie in der rechten Hand. Sagen Sie »Komm – Fuß!« und gehen Sie gleichzeitig los. Wenn Fifi losstürmt, sagen Sie »Nein!«, geben Sie ihm einen kurzen Ruck mit Halsband und Leine und holen Sie ihn zu sich zurück; wiederholen Sie das »Bei Fuß!« oder »Fuß!« und gehen Sie weiter.

Versuchen Sie nicht, Ihren Hund dazu zu zwingen, neben Ihrem Knie zu marschieren, indem Sie ihn mit straffer Leine dort halten. Wenn er ein paar Schritte »bei Fuß« geht, ohne an der Leine zu ziehen, loben Sie ihn, lassen ihn wieder sitzen, und üben das »Fuß!« noch einmal. Klopfen Sie sich auf den linken Oberschenkel, damit er Sie ansieht, sprechen Sie mit ihm, loben Sie ihn mit warmer

Stimme für jeden Schritt, den er richtig »bei Fuß« macht. Und dann spielen Sie ein Paar Runden Ball oder Stöckchenwerfen, damit er die Anspannung loswerden kann.

Später wiederholen Sie die Übung. Diesmal muss er sich jedesmal, wenn Sie stehen bleiben, auf »Sitz!« hinsetzen: Im Laufe der Zeit soll dies ein automatisches »Sitz!« werden, sobald Sie stehen. Wenn Sie stehenbleiben, geben Sie mit Leine und Halsband einen kurzen Ruck nach oben und sagen Sie »Sitz!«. Loben Sie ihn, wenn er sitzt. Gehen Sie dann mit »Lumpi – bei Fuß!« weiter. Bleiben Sie wieder stehen, sagen Sie »Sitz!«, etc.

Machen Sie sich keine Sorgen, dass Sie und Ihr Hund bei dieser Übung anfangs aussehen werden wie ein Slapstick-Team. Ihr Hund wird in die falsche Richtung laufen oder genau vor Ihre Füße; Sie werden ständig an seinem Halsband rucken und »Fuß!« sagen. Na und? In dem Augenblick, in dem Ihr Hund plötzlich verstanden hat, was Sie von ihm wollen, werden Sie endlich aussehen wie ein Traum-Team.

Sobald sie merken, dass sein »Fuß!« sicherer wird, variieren Sie das Thema: Gehen Sie in Achten eng um einen Baum oder Mülleimer herum, damit er auf Ihr unvorhersehbares Schrittmuster achten muss. Traben Sie plötzlich los, während er »bei Fuß!« gehen soll, halten Sie an, lassen Sie ihn absitzen, loben Sie ihn, gehen Sie wieder weiter, eng um den nächsten Mülleimer oder Gartenstuhl herum, traben Sie wieder locker los, hüpfen Sie mit Fifi bei Fuß über Baumstämme. Wenn Sie dabei dauernd lachen müssen, kein Problem: Sie sehen in der Tat ziemlich albern aus, aber wen kümmert das, wenn Sie soviel Spaß haben?

# Bleib!

»Bleib!« ist lebenswichtig, vor allem, wenn Sie Ihren Hund ohne Leine laufen lassen. Wenn Ihr Hund Sie in der Menge verliert und Sie nicht sehen kann, können Sie ihn mit »Bleib!« daran hindern, kopflos durch die Gegend zu rasen, bis Sie bei ihm sind. Wenn er die reizende Angewohnheit hat, an Ihnen vorbei aus der Haustür zu schießen, können Sie ihn mit »Bleib!« daran hindern. Wenn Sie Nachbars Meerschweinchen einfangen wollen, können Sie Ihren Hund mit »Bleib!« daran hindern, seinerseits eine Meerschwein-Fang-Aktion zu starten. Wenn Sie auf beiden Armen Kinder und in allen Händen Einkaufstüten haben, können Sie Ihren Lumpi daran hindern, sich just in diesem Moment dem zähnefletschenden Nachbarshund zu widmen.

Üben Sie das »Bleib!« zuerst im Haus in gewohnter Umgebung. Beginnen Sie mit dem »Bleib!« aus der »Sitz!«-Position, während Sie Ihr Hündchen angeleint haben. Lassen Sie es sitzen und sagen Sie dann »Bleib!«, während Sie ihm Ihre flache Hand wie ein »Halt«-Signal zeigen. Machen Sie einen Schritt rückwärts, und sehen Sie ihn dabei an. Wenn er sitzen bleibt, gehen Sie zu ihm zurück, loben ihn, und entlassen ihn mit »Okay!« aus dem Befehl. Wiederholen Sie das »Sitz!« und »Bleib!«. Machen Sie diesmal zwei oder drei Schritte an der lockeren Leine rückwärts von ihm weg; loben Sie ihn, wenn er sitzen bleibt; gehen Sie nach etwa 30 Sekunden wieder zu ihm und entlassen Sie ihn mit »Okay!«.

Rufen Sie Ihren Hund *nicht* zu sich aus dem »Bleib!«, solange er das Kommando nicht hundertprozentig sicher beherrscht: Sie bringen ihn sonst zu sehr in die Erwartungshaltung, gleich zu Ihnen losrennen zu wollen. Holen Sie ihn *immer* aus dem »Sitz! – Bleib!» durch entsprechenden Befehl ab.

Wenn er nicht sitzen bleibt – und davon müssen Sie anfangs ausgehen – sagen Sie schnell »Nein!«; bringen Sie ihn zurück in die »Sitz!«-Position und versuchen Sie es ganz geduldig erneut. Er wird es irgendwann lernen – sobald er begriffen hat, was Sie überhaupt wollen.

Je sicherer Ihr Hund mit dem »Bleib!« wird, desto weiter vergrößern Sie den Abstand zwischen sich und Ihm – hier kommt also die lange Feldleine zum Einsatz. Gehen Sie um ihn herum. Verlängern Sie langsam den Zeitraum, bis Sie ihn aus dem Befehl entlassen.

Nachdem Ihr Hund verstanden hat, worum es geht und dass Sie von ihm unbedingt erwarten, dass er auf seinem Hintern

sitzen bleibt, wenn Sie sich nach »Bleib!« von ihm entfernen, sorgen Sie für Ablenkungen bei der Übung: Hüpfen Sie vor ihm auf und ab, üben Sie das »Bleib!« in verschiedenen Umgebungen, in der Nähe von spielenden Kindern, vom Ententeich, von der Eisbude. Er muss bleiben, komme, was mag.

Wenn er nach dem Kommando wirklich sicher liegen bleibt, üben Sie das »Bleib!« auf einer großen Wiese *ohne* Leine. Variieren Sie das Thema: Vergrößern Sie den Abstand auf 60 m, stellen Sie sich hinter einen Baum, sodass er Sie nicht sehen kann, bevor Sie zu ihm zurückgehen. Ist er nicht der wunderbarste Hund aller Zeiten?

Sobald er das »Sitz! – Bleib!« beherrscht, üben Sie auf die gleiche Weise das »Platz! – Bleib!« (das wird viel einfacher, weil er ja schon weiß, worum es geht). »Platz!« ist, wie bereits besprochen, für Ihren Hund schwieriger als »Sitz!«, weil es eine Unterwürfigkeitsgeste für ihn ist (weshalb Besitzer von sehr dominanten Hunden das »Platz!« oft ein Leben lang immer wieder üben müssen). Das »Platz! – Bleib!« ist schließlich aber das zuverlässigere Kommando: Mit dem »Platz! – Bleib!« ist er wirklich »geparkt« in Ruhestellung. Sagen Sie ihm »Platz! – Bleib!«, wenn Sie Besuch haben, wenn Sie ihn ins Restaurant mitnehmen, wenn Sie mit Ihrem Hund Freunde besuchen, wenn Sie ihn vor einer Tür warten lassen, beim Anblick der Nachbarskatze. Braver Hund!

# Ihr Hund, der freundliche Nachbar

Aggressive Hunde sind kein Spaß. Hunde mit aggressivem Temperament erwarten immer und zu jeder Zeit die vollständige Kontrolle über jede Situation und gehen jedes Risiko ein, um diese Kontrolle zu erlangen. Aggressive Hunde jagen, schubsen, bellen, knurren und beißen manchmal gar Menschen oder andere Tiere. Aggressives Temperament lässt sich schon beim Welpen erkennen: Der Welpe, der sich ständig mit seinen Geschwistern prügelt, knurrt und aggressiv kreischt, in die Fersen beißt oder im Spiel »außer Kontrolle« gerät – also völlig überdreht und sich nicht oder kaum noch bändigen lässt –, besitzt ein aggressives Temperament. Ein Welpe, der sich von Ihnen nicht seinen Futternapf oder Knochen wegnehmen lässt, hat ein aggressives Temperament. Das bedeutet übrigens nicht, dass er später mal ein besserer Wachhund wird als sein sanfterer Bruder: Es bedeutet nur, dass man große Schwierigkeiten bei der Erziehung bekommen wird. Was nämlich vielleicht ganz amüsant wirkt bei einem acht Wochen alten Babyhund, ist bei einem erwachsenen Hund sehr unangenehm und schließlich gefährlich.

Wenn Ihr erwachsener Hund bereits wirklich aggressiv ist, kann Ihnen mit keinem Buch der Welt weitergeholfen werden: Sie müssen sich umgehend professionelle Hilfe suchen.

Wenn Sie sich Ihren Hund gerade erst aussuchen, suchen Sie sich aus dem Wurf den Welpen aus, der sozusagen »durchschnittliches« Temperament zeigt: Nehmen Sie weder den Welpen, der als Erster auf Sie zugewackelt kommt, noch den, der schüchtern in der Ecke hockt. Entscheiden Sie sich für einen Welpen, der fröhlich mit seinen Geschwistern spielt, und zu Ihnen freundlich, aber leicht zurückhaltend ist, solange er Sie noch nicht länger als eine halbe Stunde kennt.

Im Zusammenleben müssen Sie dafür sorgen, dass Ihr Hund richtig sozialisiert wird. Das bedeutet, er muss gewisse gesellschaftliche Fähigkeiten erlernen. Er muss mit vielen verschiedenen Erfahrungen konfrontiert werden, die meisten davon möglichst schön und gut – und natürlich so oft es geht außerhalb seiner gewohnten Umgebung.

Ihr Welpe muss lernen, selbstverständlich und freundlich mit anderen Hunden, Kindern und fremden Menschen umzugehen und Besuch zu akzeptieren. Ein Hund, der mit Selbstverständlichkeit und Selbstvertrauen in neue Situationen geführt wird, wird ein sicherer Hund, den kein Abenteuer, keine Reise, kein Kindergeburtstag und keine Fußgängerzone am verkaufsoffenen Samstag erschüttern kann.

## Ihr Hund und Kinder

Wenn Sie selber keine haben, bitten Sie Ihre Nachbarskinder, mit Ihrem Hund zu spielen. Nehmen Sie Ihren Welpen mit zu hundefreundlichen Freunden, die nette Kinder haben. Gehen Sie mit den Kindern Ihrer Freunde in den Park oder in den Zoo – da erleben beide Parteien genug an Gerüchen und Geräuschen, um zu vergessen, dass sie sich vielleicht voreinander fürchten.

## Ihr Hund und andere Tiere

Wenn Sie irgendwo wohnen, wo Ihnen ständig Kühe, Pferde oder Hühner vor der Nase herumtanzen, müssen Sie Ihren Hund zwangsläufig daran gewöhnen: Nehmen Sie ihn an die Leine und marschieren Sie so lange an verschiedenen Tagen vor den jeweiligen Tieren herum, bis es Ihrem Hund zu langweilig wird, sich immer noch über die ollen Hühner aufzuregen. Sprechen Sie Reiter an, damit Ihr Hund merkt, dass dieses riesenhafte Tier vor ihm kein Feind ist.

Betreten Sie allerdings keine Kuhweide mit Ihrem Hund an der Leine: Kühe folgen irgendeinem Urinstinkt, demzufolge sie sich zwar sehr vor Hunden (dem Wolf!) fürchten, gleichzeitig aber magisch angezogen werden, schließlich einen Kreis bilden und versuchen, den vermeintlichen Wolf totzutrampeln. Dass Sie daneben stehen, ist den Kühen egal.

## Ihr Hund und Gäste

Manche Hunde schnappen völlig über vor Glück, wenn Gäste kommen. Ihren Hund wegzusperren, hilft dabei allerdings überhaupt nichts; er wird nur hinter der Tür verzweifelt heulen, weil er nichts verpassen will. Irgendwann wird er Besuch damit verbinden, dass er jedesmal weggesperrt wird, und Gäste nicht mehr mögen.

Stattdessen leinen Sie Ihren Hund schon eine Viertelstunde vor Ankunft an die leichte Nylonleine, die sie einfach am Boden schleifen lassen. Wenn die Gäste kommen, lassen Sie ihn »Sitz!« machen; dann dürfen die Gäste ihn ruhig begrüßen. Wenn er dann beginnt, sich aufzuspielen, nehmen Sie ihn mit einem festen »Nein!« zu sich heran und lassen Sie ihn wieder »Sitz!« machen, ohne ihm weiter besondere Aufmerksameit zu widmen.

Versuchen Sie, sich weiter auf Ihre Gäste zu konzentrieren, gehen Sie mit Ihren Gästen ins Wohnzimmer oder die Küche oder wohin Sie wollen, und behalten Sie Ihren Hund bei Fuß. Schicken Sie ihn auf seinen Platz, während Ihre Gäste sich setzen – dies hier ist *Ihr* Besuch, nicht seiner! –, und ignorieren Sie ihn. Wenn Sie schon vorher wissen, dass er nicht auf seinem Platz bleiben wird, lassen Sie ihn neben sich Platz machen und stellen Sie Ihren Fuß so auf die Leine, dass er nicht aufstehen kann und Sie dennoch nicht die Hände gebrauchen oder Ihre Unterhaltung unterbrechen müssen.

Bei manchen Hunden ist es sinnvoll, »Besuch« gezielt zu üben: Bitten Sie hundefreundliche Freunde oder bezahlen Sie Teenager aus der Nachbarschaft dafür, Besuch zu simulieren, inklusive Klingeln, Begrüßung, Hinsetzen, Reden, Aufstehen, Gehen. Ruhig mehrmals an einem Nachmittag hintereinander, bis Fifi gelernt hat, dass Besuch wirklich nichts Besonderes ist.

## Ihr Hund und andere Hunde

Ihr Hund muss und soll von Kindesbeinen an regelmäßig mit anderen Hunden spielen, ohne dass Sie sich einmischen. Nur so kann er lernen, wie man sich anderen Hunden gegenüber verhält, wie man fremde Hunde zum Freund gewinnt, wie man fatale Situationen entschärft, wie man fremden, dominanten Rüden aus dem Weg geht, wie man zickige Hündinnen erobert, wie man mit kleineren Hunden spielt, wie man größeren Hunden mitteilt, dass man sanftere Spielarten gewohnt ist. Ein Hund, der zu wenig Kontakt zu Artgenossen hatte, wird zum Angstbeißer, zum Hunde-Asozialen, und damit wird jeder Spaziergang zum Stressprogramm für Herrn und Hund.

Gehen Sie mit ihrem Hund nicht in dem Glauben spazieren, dass alle Rüden einander beißen. Das stimmt einfach nicht, egal, was Sie gehört oder erfahren haben. Ihr Hund weiß immer, was Sie fühlen. Wenn Sie also davon ausgehen, dass Ihr Hund aggressiv gegenüber anderen Hunden oder Menschen sein wird, wird er Ihre Anspannung spüren und selber ganz angespannt werden. Wenn Sie andererseits davon ausgehen, dass das Leben eine Gondelfahrt ist und alles gut gehen wird, strahlen Sie Selbstbewußtsein, Sicherheit und damit Führungsqualitäten aus.

Wenn Ihr Hund gerade anfängt, aggressives Verhalten zu zeigen, müssen Sie schnell reagieren. Erinnern Sie ihn erneut daran, wer von ihnen beiden der Boss ist: Das bedeutet, Sie haben auch das Recht zu entscheiden, wer angeknurrt wird (nämlich niemand, aber das muss er erst merken). Sie sind die Spitze des Eisbergs. Das heißt, Ihr Hund kann sich voll auf Sie verlassen und sich seinerseits entspannen, in welche Situation auch immer Sie ihn bringen.

Spielen Sie das »Komm!«-Spiel an der Leine, gehen Sie in eine Richtung und wechseln Sie sie schnell, damit Ihr Hund verstärkt auf Sie achten muss; lassen Sie ihn immer wieder zwischendurch »Sitz!« machen; lassen Sie ihn lange – zehn Minuten mit »Platz! – Bleib!« abliegen. Stellen Sie sicher,

dass Ihr Hund genügend Bewegung bekommt – vielleicht ist er aggressiv, weil er einfach viel zu viel Energie hat?

Achten Sie auf seine Körpersprache. Macht er sich sehr steif, wenn ihm ein anderer Rüde entgegenkommt? Bewegen Sie sich dann *weg* von beiden Hunden, rufen Sie Ihren Hund mit fröhlicher Stimme, damit Sie die gespannte Situation nicht noch verstärken: In Ihrer Stimme darf kein Stress zu hören sein.

Wenn zwei angeleinte Hunde aufeinander treffen, lassen Sie Ihre Leine locker: Eine straffe Leine verstärkt die Anspannung wiederum.

Wenn Ihr Rüde immer wieder sehr aggressiv gegenüber anderen Rüden ist, sollten Sie vielleicht über eine Kastration nachdenken. Sie kann helfen (keine Garantie!), weil seine Hormone ihn nicht permanent zwingen zu beweisen, dass er schlicht der Größte und Stärkste ist, und wehe dem, der das nicht auf den ersten Blick erkennt. Sie müssen ihn immer noch erziehen, aber die Kastration wird einen Großteil seiner Anspannung lösen, und die ist gewöhnlich direkt mit Aggression verbunden.

- Gehen Sie in Gegenden spazieren, in denen Sie nur wenige Hunde treffen, aber rufen Sie nicht allen Leuten von weitem verzweifelt zu, Sie hätten einen bissigen Hund: Er wird Ihre Anspannung spüren und das Gefühl haben, er müsse Sie verteidigen.

- Dementsprechend darf ein aggressiver Hund *niemals* geschlagen oder angebrüllt werden. Schlagen oder Brüllen macht Hunde nur noch aggressiver, nicht weniger.

- Wenn Ihr Hund einen anderen wütend anbellt und -knurrt oder sich gerade gekloppt hat, setzen Sie sich nicht neben ihn, um ihn zu streicheln und beruhigend auf ihn einzureden: Er wird das als Lob missverstehen und denken, Sie unterstützen sein aggressives Verhalten. Ermahnen Sie ihn stattdessen mit einem strengen »Nein!«, nehmen Sie ihn an die Leine, und verlassen Sie festen Schrittes die Szene des Unheils. Sobald er sich beruhigt hat, können Sie ihn wieder von der Leine lassen, wenn Sie möchten.

- Gehen Sie auf aggressive Signale sofort ein: Menschen anknurren ist absolut, komplett verboten.

- Meiden Sie Situationen mit hohem Aggressions-Potenzial: Erlauben Sie ihm nicht, sich durch den Zaun mit dem Nachbarhund anzubrüllen. Bleiben Sie läufigen Hündinnen und ihren Verehrern fern. Meiden Sie fremde Hunde mit Knochen.

Ein Hund, der knurrt, weil er ängstlich oder schüchtern ist, muss zu Selbstvertrauen erzogen werden: Er muss viele Kommandos lernen, viel gelobt werden, gut sozialisiert werden und besonders ruhig und beharrlich korrigiert werden, sobald er aggressives Verhalten zeigt. Ein vertrauensvoller Hund ist elastisch. Er bricht nicht zusammen, wenn Sie »Nein!« zu ihm sagen, und sein Wesen erleidet auch keinen Schaden, wenn Sie ihm gewisse Regeln beibringen, die man im Zusammenleben nun einmal braucht.

# Erweiterter Wortschatz für fortgeschrittene Hunde

Auch, wenn Sie längst der Meinung sind, Ihr wundervoller Hund verstünde bereits jedes Wort, schadet es ja nicht, sein Vokabular immer mehr zu erweitern. Natürlich muss erst einmal die Bedeutung des Grundwortschatzes sitzen, bevor Sie weitere Wörter hinzufügen. Wenn Sie einem Baby Sprechen beibringen, fangen Sie ja auch mit einfachen Dingen an wie »Mama«, »Papa« oder »Bus«, und erwarten nicht nach der dritten Woche, dass Junior komplizierte philosophische Abhandlungen versteht.

Ihr Hund hat mittlerweile längst gelernt, Ihnen zuzuhören und Ihre Stimme zu deuten, deshalb wird es ganz leicht, ihm weitere Kommandos beizubringen. Sie brauchen die Worte nicht andauernd zu wiederholen wie eine kaputte alte Schallplatte: Er versteht Sie, wenn Sie ihm immer wieder zeigen, was die Bedeutung ist.

## Genug!

»Genug!« ist für Dinge, die Ihr Hund grundsätzlich darf, aber jetzt haben Sie eben »genug«. Wenn er etwa bei der Türklingel angeschlagen hat, aber offenbar Gefallen an seinem Krach findet, sagen Sie »Genug!« und legen Ihre Hand über seine Schnauze. (Wenn Sie einen Mops haben, ist das ein Problem. Maul-Zuhalten geht auch nicht, dann kriegt er keine Luft mehr.) Wenn er dann ruhig ist, loben Sie ihn. Wenn er

weiterbellt, halten Sie ihm erneut von oben die Schnauze zu und sagen »Genug!«.

Oder wenn Sie so viele Bälle und Stöcke geworfen haben, dass Ihnen schon der Arm abfällt, und Sie jetzt zivilisiert nach Hause gehen wollen: »Genug!«, und danach ignorieren Sie alle seine Versuche, Ihnen Stöcke vor oder zwischen die Beine zu werfen.

## Lass' es!

Wenn Ihr Hund versucht, die Straße von Essensresten zu säubern oder den Keks in der Hand eines Kleinkindes zu hypnotisieren, ermahnen Sie ihn mit »Lass' es!«. Ihre Stimme muss dabei ernst und tief klingen. An der Leine lassen Sie mit einem kleinen Ruck das Kettenhalsband klicken, damit er dieses ernste Geräusch mit der ernst gemeinten Ermahnung in Verbindung bringt.

Üben Sie »Lass' es!« mit ausgelegten Verführungen: Legen Sie ein Wurstbrot an den Rand des Teetisches und ziehen Sie sich in den Flur zurück, so, dass Sie Ihren Hund noch sehen können. Seien Sie aufmerksam und schnell: Wenn Sie das »Lass' es!« erst murmeln, wenn er das Brot bereits heruntergeschluckt hat, hat er sich bereits selbst belohnt, und dieses Erfolgserlebnis wird in seinem hübschen Kopf immer stärker wiegen als Ihr verspätetes »Lass' es!«. Stattdessen ermahnen Sie ihn mit strenger Stimme in der Sekunde, in der er das Brot nachdenklich betrachtet.

Wenn Sie Ihr Früchtchen gut kennen und wissen, dass Sie nicht so schnell blinzeln können, wie das Wurstbrot verschwindet, lassen Sie ihn schon eine Weile vorher mit einer dünnen Kordel am Halsband durch die Wohnung laufen. Brot an die Tischkante, Sie im Flur hinter dem Türrahmen, und sobald er eine Bewegung auf das Brot zu macht, rucken Sie an der Kordel – und damit an seinem Halsband –, und sagen streng »Lass' es!«. Die Anwendung von »Lass' es!« lässt sich fabelhaft erweitern: Wenn Ihr Hund überlegt, ob er die Nachbarkatze fressen soll, unterbrechen Sie mit »Lass' es!« seinen Gedanken; wenn er überlegt, wie er einem unfreundlich aussehenden Hund begegnen soll; wenn er sich den Lieblingsteddy Ihrer Nichte zu Eigen machen möchte, etc. Sie kennen Ihren Hund so gut mittlerweile – selbstverständlich können Sie seine Gedanken lesen!

## Warte!

»Warte!« ist ein lässigeres Kommando, als »Bleib!«. »Bleib!« bedeutet, dass Ihr Hund sich unter keinen Umständen rühren darf, bevor er nicht durch Kommando abgeholt wurde.

»Warte!« heißt, »mach' mal langsam«. »Warte!« bis ich erlaube, das Futter wirklich zu fressen; »warte!« bis ich dich abgeleint habe; »warte!« bis ich alle Kinder im Kinderwagen verstaut habe und wir losgehen können. Hunde verstehen dieses Kommando, und außerdem mögen sie es, wenn man sie einbezieht.

## Aus!

»Aus!« bedeutet für den Hund, alles fallen zu lassen, was er im Maul trägt. »Aus!« für die Hühnerknochen, die er im Gebüsch aufgegabelt hat; »Aus!« für Ihren Lieblingsschuh, den er gerade auf seinen Platz tragen möchte; »Aus!« für den angesabberten Ball, den Sie ihm werfen möchten. »Aus!« übt man schon mit sehr jungen Welpen: »Aus!« für das Spielzeug in seinem Maul.

Die meisten jungen Hunde sind so erstaunt, dass sie es tatsächlich fallen lassen. Dann werden sie ungeheuer gelobt, dann wirft man das Spielzeug – und wiederholt das Kommando, wenn er es zurückbringt. Lässt er es nicht los, öffnet man mit sanftem Druck sein Maul, nimmt das Spielzeug heraus, lobt das Hündchen, und wirft das Objekt der Begierde, um das Kommando zu wiederholen – damit er versteht, wovon Sie überhaupt reden.

Und vergessen Sie nicht, ihren Hund zu loben, wenn er das Spielzeug artig ausgespuckt hat.

## Lauf!

»Lauf!« verwendet man, wenn man seinen Hund vorausschicken möchte. Ich verwende es etwa, nachdem meine Hunde »bei Fuß!« gehen mussten, wenn sie an der Straße warten mussten, bevor wir sie überqueren, oder wenn ich ihnen durch »Fuß!« erst *nicht* erlaubt habe, einen Freund am anderen Ende der Wiese zu begrüßen, und es jetzt doch gestatte. »Lauf!« bedeutet, dass sie in großer Eile loslaufen sollen. (Über die Straße wird nicht getrödelt.)

## Komm' hoch!

»Komm' hoch!« ist für diejenigen unter uns, die ihren Hund gerne neben sich auf Sofa, Bett oder Parkbank sitzen lassen. Man klopft leicht auf das Sofa neben sich und sagt »Komm' hoch!« – kein Kommando lernen Hunde schneller als dieses.

## Runter!

»Runter!« ist das Gegenteil von »Komm' hoch!« und scheint für Hunde außerordentlich viel schwerer zu verstehen sein. Das liegt nicht an der Intelligenz Ihres Hundes, sondern daran, wie bequem Ihr Sofa ist. »Runter!« sagt man mit etwas strengerer Stimme als »Komm' hoch!« und schubst den Hund mit einem kleinen Ruck mit der Hand unter dem Halsband runter von Bett oder Sofa.

# Handsignale

Einmal in der Woche sollte man mit seinem Hund Handsignale üben – das fördert die Konzentration und ist außerdem sehr nützlich, wenn es Ihnen eines Tages mal die Sprache verschlagen sollte. In Wirklichkeit haben Sie die meisten Kommandos ja sowieso längst mit Handsignalen als »Verstärkung« geübt – das Klopfen auf den Boden, um Fifi zum »Platz!«-Machen zu bewegen, das Hinhocken und Arme öffnen, wenn er zu Ihnen kommen soll. Benutzen Sie diese Signale wieder verstärkt beim Üben der verbalen Kommandos, werden Sie ganz leise, und arbeiten Sie schließlich nur noch mit Gestik.

»Lauf«

»Sitz!«

»Komm!«

»Bleib«

»Platz!«

# Keine Katastrophen

Selbst fabelhaft erzogene Hunde haben zwischendurch ihren eigenen Kopf. Als verantwortungsvolle Hundeperson muss man das wissen und damit rechnen, um größere Katastrophen verhindern zu können. Je intelligenter das Hündchen, desto größer die Verführungen und Ablenkungen, die sich ihm immer wieder bieten: Karnickelspuren, Jogger, ein anderer Hund auf der gegenüberliegenden Straßenseite, eine läufige Hündin oder, entsetzlich, Silvesterknaller außerhalb der Saison.

Jeder Hund kann sich einmal furchtbar erschrecken oder in Situationen geraten, denen er nicht gewachsen ist, oder, noch schlimmer, Situationen, denen Sie nicht gewachsen sind.

Dabei liegt es dummerweise immer an Ihnen, Ihrem Hund aus solchen Schreckensmomenten herauszuhelfen. Wenn Ihr Hund gut erzogen ist und Sie außerdem noch ein paar Tricks aus Ihrem Ärmel schütteln können, kann Ihnen und Ihrem Hund viel weniger passieren.

Wenn er selbstbewusst erzogen wurde und sich mit Ihnen als Alpha-Gott sicher fühlt, können Veränderungen ihn nicht so sehr erschüttern. Er verlässt sich einfach auf Sie. Erdbeben in Kombination mit Feuerwerk und Heavy-Metal-Gitarre? Sie werden es schon richten.

## Hunde-Gespenster

Manche Hunde sehen Gespenster, vor allem in gewissen Angst-Phasen ihrer Entwicklung – wenn sie etwa acht Wochen alt sind und später noch einmal in der Pubertät, mit ungefähr neun Monaten. Wenn Ihr Hund sich vor irgendeinem neuen Objekt fürchtet – Strohballen auf

dem Feld, umgekippter Mülleimer, neues Kunstwerk –, und er sich weigert, daran vorbeizugehen, sondern sich panisch nach hinten in Halsband und Leine wirft, zwingen Sie ihn nicht. Lassen Sie ihn am anderen Ende der Leine sitzen, wo er ist. Gehen Sie Ihrerseits zu dem gruseligen Objekt, fassen Sie es an und erklären Sie Ihrem Hündchen mit freundlicher, beruhigender Stimme, wie ungefährlich dieses Ding doch ist. Geben Sie ihm Zeit, Sie neben dem Monstrum zu beobachten: Wenn Sie nicht von dem Ding gefressen werden, wird ihn die Neugier dann doch dazu bringen, es sich vielleicht mal näher anzusehen, um dann zu erkennen, wie harmlos der Regenschirm oder der Mülleimer eigentlich ist. Überhäufen Sie ihn mit Lob für seinen Löwenmut.

## Wegrennen

Manchmal denken junge Hunde einfach nicht daran zu kommen. Sie gehen auf Ihren Wonnehund zu, er galoppiert mit begeistertem Gesichtsausdruck davon. Sie probieren »Komm!« in allen verfügbaren Tonlagen, nichts. Sie versuchen »Sitz!», »Platz!«, »Fuß!« und jedes Schimpfwort, das Ihnen einfällt, und nun kommt er natürlich erst recht nicht mehr.

Laufen Sie ihm *nicht* hinterher (Haben Sie das nicht schon mal in anderem Zusammenhang von Ihrer Mutter gehört? Mutter hat leider immer noch recht.): Er hält das Ganze für ein wundervolles Spiel und findet gleichzeitig heraus, wie es ist, wenn man sich Ihnen komplett widersetzt. Bevor er anfängt, darüber wirklich nachzudenken, versuchen Sie folgende Tricks:

- Hocken Sie sich hin, die Arme ausgebreitet, und rufen Sie ihn mit »Juchu«-Stimme. Wenn er nun kommt, loben Sie ihn ungeheuerlich.

- Verdecken Sie Ihr Gesicht mit den Händen und jaulen Sie laut wie ein Welpe (mittlerweile ist Ihnen wahrscheinlich sowieso zum Heulen zumute). Die Neugier wird ihn unwiderstehlich zu Ihnen treiben. Loben Sie ihn. Sehr. Auch, wenn's schwerfällt.

- Laufen Sie schnell in die andere Richtung und werfen Sie dabei ein »Lumpi, komm!« über Ihre Schulter.
  Offensichtlich spielen Sie nicht mit; stattdessen muss Ihr Hündchen die Beine in die Hand nehmen und aufpassen, dass er hinterher kommt. Sie haben das Spiel verändert und damit Ihre Alpha-Position klargestellt.

## Not-Sitz

Manche Hunde bekommen in den unpassendsten Momenten Unsinns-Anfälle: Wenn man sie etwa anleinen will und sie nicht daran denken zu kommen, sondern sich immer weiter in Richtung Straße bewegen oder an einem vorbei aus der Haustür schießen Richtung Bordsteinkante. Man ruft, mit leichter Panik in der Stimme, und Fifi dreht sich nicht einmal um. Sie knien sich hin, mit ausgebreiteten Armen: Nichts. Sie machen einen Schritt auf ihn zu, und er hopst begeistert näher auf die Gefahr zu, bereit für ein herrliches Fang-mich-Spiel.

Rufen Sie ihn beim Namen und geben Sie mit strenger, ernster Stimme das Kommando »Sitz!«. Erstaunlicherweise funktioniert das fast immer, auch wenn er keinerlei Anstalten machte, zu Ihnen zu kommen: Sie haben mit einer *Aufgabe* das Spiel unterbrochen. Wenn er sitzt, haben Sie ihn. Gehen Sie zu ihm, leinen Sie ihn an und setzen Sie Ihren Weg fort – ohne ihn zu beschimpfen. Ignorieren Sie den Quatschanfall einfach.

## Stress

Hunde – wie Menschen – können Stress bekommen. Manchmal ist beim Mensch der Hund dran schuld, manchmal beim Hund der Mensch. Wenn Sie gestresst sind, unglücklich oder nervös, überträgt sich das direkt auf Ihr Tier (weshalb unfreundliche Menschen meistens auch unfreundliche Hunde haben). Machen Sie einen langen, entspannten Spaziergang mit Ihrem Hund, um Ihrerseits den Stress loszuwerden und Ihrem Hund die Möglichkeit zu geben, mit anderen freundlichen Hunden zu spielen. Wenn Sie angespannt sind, ist das nicht der richtige Moment, mit Ihrem Hund neue Kommandos zu üben. Beschränken Sie sich auf ein paar fröhliche Reprisen der Dinge, die Ihr Hund bereits kann. Irgendetwas wird er, muss er es ja können. Na also.

Wenn Ihr Hund verletzt ist, atmen Sie tief durch und versuchen Sie, alle hysterischen Anfälle auf später zu verschieben. Er wird Ihre Unruhe sofort spüren. Wenn Sie irgendjemanden anschreien, wird ihn das zusätzlich zu seinen Schmerzen furchtbar verunsichern. Bleiben Sie ruhig, streicheln Sie ihn mit großen, ruhigen Bewegungen, damit er das Gefühl hat, Sie hätten die Situation im Griff. Reden Sie ruhig und leise mit ihm. Es wird ihn beruhigen – und Sie auch.

Wenn Ihr Hund zu den Rassen gehört, die leicht aufzuregen sind – Weimaraner, Jack Russell Terrier, manche Pudel, einige Belgische Schäferhunde zum Beispiel –, spielen Sie Spiele, bei denen er sich konzentrieren muss und gleichzeitig körperlich verausgabt: Machen Sie aus Ihrem Hund einen Frisbee-Champion, gehen Sie Schwimmen und massieren Sie ihn außerdem.

Widmen Sie ihm täglich fünf exklusive Minuten, in denen Sie ihn massieren: Kneten Sie seine lose Haut, beschreiben Sie mit Zeige- und Mittelfinger mit leichtem Druck kleine Kreise über seinen ganzen Körper, kraulen Sie seinen Bauch. Fünf Minuten sind *gar* nichts für Sie, aber werden Ihren Hund unendlich beruhigen und ihm das Gefühl geben, Sie immerhin einmal am Tag ganz und gar für sich gehabt zu haben. Und Ihr Gewissen wird erleichtert, wenn Sie den Rest des Tages eigentlich kaum Zeit finden, ihn mal kurz hinter den Ohren zu kraulen.

# Behandlung von Problemzonen

Viele Hundeprobleme sind gar keine. Kommandos, die ein junger Hund nicht beherrscht, sind kein »Problem«: Im Laufe der Zeit wird ein junger Hund gewisse gesellschaftliche Fähigkeiten erlernen, ohne die er in der Nähe von Menschen einfach nicht leben kann. Einen Welpen zur Stubenreinheit zu erziehen, ist kein Problem, sondern einfach Teil der Grunderziehung. Wenn Ihr Hund sich benimmt wie ein Tornado im Porzellanladen, ist das auch kein Problem, sondern weist darauf hin, dass er zu wenig Auslauf und Beschäftigung hat. Wenn Ihr Hund an der Leine zieht, als wäre er ein Bierwagenpferd, ist selbst das kein Problem, sondern noch Teil der Grunderziehung.

Es ist leider so: Wenn die Grunderziehung sitzt – bei Ihnen und Ihrem Hund –, dann treten weniger Probleme auf. Das liegt daran, dass Sie Ihre Möglichkeiten verstehen und einsetzen können, um Probleme zu verhindern oder zu unterbrechen, wenn sie gerade geschehen. Und es liegt daran, dass Ihr Hund Sie respektiert und nicht dauernd versucht, herauszufinden, was wessen Rolle im Rudel ist.

Ist der Hund grunderzogen, haben Herr und Hund es gut.

## Hundeprobleme voraussehen

Viele Probleme sind leichter im Vorfeld zu verhindern, als Ihrem Hund eine lieb gewonnene scheußliche Gewohnheit wieder abzugewöhnen. Wenn Ihr Hund erst einmal herausgefunden hat, was für Herrlichkeiten Sie in Ihrem Mülleimer aufbewahren – etwa alte Thunfischdosen, in denen noch ein winziger Rest zu finden war, oder altes Butterpapier (Hunde hassen Verschwendung!), wird es sehr schwer, ihm beizubringen, dass der Mülleimer für ihn tabu ist. Wenn er erst einmal gelernt hat, wie wahnsinnig viel Spaß es macht, die Sofa-Federkissen zu zerfetzen und im Federgestöber zu toben, Gnade Ihnen Gott.

Kaufen Sie einen Mülleimer mit Schwingdeckel – in dem klemmt Ihr Hund sich die Nase ein und bestraft sich sozusagen gleich selbst. Und bringen Sie den Müll hinaus, bevor der Eimer so voll ist, dass die Verführung zu groß wird.

Um Probleme zu verhindern, müssen Sie vielleicht einen höheren Zaun bauen; außerdem dürfen Sie Ihrem Hund nicht kompletten Freilauf im Haus gewähren, wenn Sie nicht da sind. Ihre Kinder müssen lernen, Ihre Spielsachen aufzuräumen. Sie sollten Ihren Hund im ersten Jahr nicht alleine im Raum mit einer Baiser-Torte lassen; und nicht im Esszimmer, wo Sie gerade die Vorspeise auf 14 Tellern für die Gäste angerichtet haben, die Sie in einer halben Stunde erwarten. Ich spreche aus Erfahrung.

Ein Großteil der Behandlung von Hundeproblemen besteht darin, Probleme gar nicht erst passieren zu lassen. Ein junger Hund muss seine Grenzen kennen lernen; Sie können nicht erwarten, dass er weiß, was Sie von ihm erwarten. Als Ihr Kind lernte, sich an allem hochzuziehen, haben Sie alles weggeräumt, was gefährlich oder Ihnen lieb und teuer war. Später haben Sie die Zigaretten weggeräumt, eine Telefonsperre eingebaut und dafür gesorgt, dass Ihr Teenager lernte, dass die Nacht auch zum Schlafen da ist, sogar Samstagnacht.

Es ist nicht so anders, Hunde zu erziehen. Nur leichter.

## Probleme behandeln

Problemhunde sind Hunde, die ununterbrochen bellen oder Ihr Haus auseinandernehmen, wenn sie alleine gelassen werden; Hunde, die permanent Aufmerksamkeit verlangen, sind problematisch; Hunde, die stehlen, sind ein Problem; Hunde, die beißen, sind ein ernstes Problem. Wenn Sie Ihren Hund nach den bisher beschriebenen »Lektionen« erzogen haben, dürften diese Schwierigkeiten eigentlich nicht auftauchen. Wenn doch, müssen Sie die Lektionen regelmäßig und mehrmals am Tag zehn Minuten lang wiederholen, um eindeutig klarzustellen, wer hier Alpha ist. Und dann gibt es da noch ein paar Tricks zusätzlich.

## Anspringen von Menschen

Hochspringen kann ein großes Problem sein: Wenn Ihr Hund groß genug ist, kann er Menschen umwerfen, Kinder fürchterlich erschrecken und Ihre Kleidung – schlimmer: die fremder Leute! – ruinieren. Leider ist das Anspringen nicht ganz einfach zu beheben, weil manche Leute er-

staunlicherweise über diese wilde Zuneigungsbezeugung geschmeichelt sind und Ihren Hund fröhlich begrüßen und loben für das, was Sie ihm unbedingt abgewöhnen wollen. Sie werden also damit anfangen müssen, den anderen zu erklären, dass Ihr Hündchen sich genauso freuen kann, wenn er mit seinen vier Füßen auf dem Teppich bleibt.

Tatsächlich gibt es verschiedene Methoden, den Hund vom Anspringen abzuhalten, und man muss herausfinden, welche den Hund am meisten beeindruckt. Nichts von alledem wird allerdings funktionieren, wenn Sie nicht übermäßig konsequent bleiben: Er darf von nun an *kein einziges Mal* mehr hochspringen, ohne dass Sie ihn sofort korrigieren. Alle diese Methoden funktionieren über den Überraschungsfaktor: Sie müssen schnell reagieren.

Wenn Ihr Hund auf Sie zugeschossen kommt, greifen Sie in sein Halsband und lenken Sie seinen Flug scharf zur Seite, während Sie streng »Nein!« sagen. Werfen Sie ihn nicht zu Boden, sonst könnte er sich verletzen – sein Sprung soll nur neben Ihnen landen, nicht auf Ihnen. Wenn er auf dem Boden steht, verlangen Sie ein »Sitz! – Bleib!« und loben ihn ausgiebig (nicht zu überschwänglich, sonst springt er gleich wieder auf). Beim nächsten Mal wiederholen Sie das Ganze.

Eine althergebrachte, meist erfolgreiche Methode ist es, Ihr Knie in dem Moment anzuziehen, in dem Ihr Hund »anfliegt«, und ihn dabei an der Brust zu treffen, während Sie »Nein!« sagen. Ihr Hund wird sehr überrascht und ganz irritiert sein, woraufhin Sie sich über ihn beugen und ihn großartig loben müssen: Sie freuen sich ja, ihn zu sehen – umso mehr, als er jetzt unten bleibt.

Eine andere Möglichkeit ist es, die Vorderpfoten Ihres Hundes festzuhalten und ihn vor sich auf zwei Beinen stehen zu lassen. Wie Sie deutlich an seinem Gesichtsausdruck erkennen werden, wird er das gar nicht witzig finden: Es macht viel mehr Spaß, sich ein paar Mal mit den Pfoten an Ihnen abzustoßen, als so unwürdig vor Ihnen herumzustehen. Lassen Sie ihn auf den Boden und loben Sie ihn. Nach ein paar Malen wird er begreifen, dass es besser ist, er bleibt von Ihrer Brusthöhe weg.

Wenn Sie einen kleinen Hund haben, können Sie die beschriebenen Methoden nur schlecht anwenden, ohne sich nach kürzester Zeit in eine Rückenklinik zu begeben. Dennoch sind besonders kleine Hunde sehr begabt im Ruinieren teurer Nylonstrümpfe oder dem Hinterlassen kleiner, deutlicher Pfotenabdrücke knapp unterhalb Ihres Knies auf Ihrer Hose. Wenn Ihr kleiner Hund also an Ihnen hochspringt, lassen Sie Ihren Fuß vor sich über den Boden gleiten und schieben Sie dabei mit einem strengen »Nein!« seine Hinterbeine weg – dadurch wird er die Balance verlieren. Wenn er auf dem Boden steht, lassen Sie ihn »Sitz!« machen und freuen sich dann über ihn.

Wenn Sie Besuch erwarten, leinen Sie ihn vorher an. Sobald er einen Satz auf Ihren Gast zu macht, holen Sie ihn mit einem kurzen Ruck zurück, während Sie streng »Nein!« sagen. Dann lassen Sie ihn sitzen und bitten den Gast, ihn nun – ruhig – zu begrüßen. Und keine Diskussionen über »das macht doch nichts, er freut sich doch« – derselbe Gast wird kein bisschen amüsiert sein, wenn Ihr Hund sich nach einem Spaziergang im Matsch genauso freut.

## Aufmerksamkeits-Sucht

Ein Hund, der ständig versucht, sich in die Mitte des Geschehens zu drängen, geht einem erstens auf die Nerven und verwechselt außerdem seine Position im Rudel: Er versucht, Alpha zu werden. Wenn Sie telefonieren, macht er dummes Zeug, wenn Sie ihn in einem anderen Zimmer lassen, heult er hysterisch, wenn Sie Besuch haben, belästigt er Ihre alte Tante permanent mit seinen glitschigen Spielsachen, wenn Sie ihm vor anderen Leuten den Befehl geben, sich hinzusetzen oder -legen, hopst er albern herum oder steht sofort wieder auf.

Sie können ihn permanent annörgeln, ihn wegschubsen und nach dem 23. Mal anbrüllen. Das wird nur dazu führen, dass Ihr Hund ihnen noch mehr auf Ihre ohnehin schon schwachen Nerven geht und er sein Verhalten außerdem verstärkt: In Wirklichkeit hat er ja erreicht, dass Sie sich mit ihm beschäftigen, selbst wenn es negative Folgen hat.

Aber Sie können stattdessen auch wirklich etwas gegen sein Verhalten tun. In diesem Fall müssen Sie wahrscheinlich einmal gründlich zurück denken, an welchem Punkt Ihnen Ihre Konsequenz abhanden gekommen ist. Wenn Sie sie wiederhaben, fangen Sie an, Ihrem Hund beizubringen, wie man sich als angenehmer, wohlgesitteter Hund benimmt.

Streicheln Sie Ihren Hund nicht, wenn *er* es will, sondern wenn *Sie* ihn zu sich rufen. Hunde, die ständig darauf bestehen, dass man sie streichelt oder unterhält, halten sich gewöhnlich für den Oberhund: In einem Rudel bekommt nur der Anführer ständig Bestätigung. Wenn Ihr Hund also seinen wundervollen Kopf in Ihren Schoß legt, um gestreichelt zu werden, oder seine dicke Pfote auf Ihren Oberschenkel legt und Sie fordernd ansieht, lassen Sie ihn abliegen, streicheln Sie ihn kurz und wenden Sie sich wieder Ihren Dingen zu.

Lassen Sie ihn im Haus mit Zughalsband und einer weichen Leine herumlaufen, so kurz, dass er nicht darauf treten kann. Sobald er anfängt, Blödsinn zu machen, während Sie beispielsweise telefonieren, geben Sie ihm einen kurzen Korrektur-Ruck am Halsband, lassen ihn abliegen und wenden sich wieder Ihrem Gespräch zu. Desgleichen, wenn er ungefragt andere Leute mit seinen Bällen belästigt: Kurzer Ruck an der Leine, »Platz!« machen lassen, Braver Hund, ignorieren.

Verstärken Sie die Erziehungs-Zehn-Minuten, achten Sie genau darauf, dass er Ihre Kommandos sofort und präzise ausführt. Während des täglichen Trainingsprogramms bekommt er Ihre Aufmerksamkeit ja ungeteilt: Wenn er Ihre Aufmerksamkeit, Ihr Lob und Ihre Zuneigung will, muss er etwas dafür tun – bis sich sein Verhalten gebessert hat.

Schenken Sie ihm fünf Minuten, in denen Sie ihn konzentriert und ausgiebig streicheln, kraulen und massieren dann, wenn Sie es wollen und ihn dazu zu sich rufen, *nicht*, wenn er es gerade möchte. Das ist gut für Ihr Gewissen und macht

Sie psychisch widerstandsfähiger gegen die herzigen Hundeaugen.

Sie gehen immer als erster durch die Tür. In der Hundesprache geht der dominante, der Alpha-Hund immer zuerst. Erlauben Sie Ihrem Hund nicht, vor Ihnen durch die Tür zu rasen oder – noch schlimmer –, sich an Ihnen vorbei durch den Türrahmen zu quetschen: In der Hundeetikette kommt das dem menschlichen Einsetzen des Ellenbogens gleich. Um ihm beizubringen, dass Menschen Vorrechte haben, leinen Sie ihn an und führen ihn an eine Tür. Lassen Sie ihn vor der Tür sitzen, sagen Sie ihm dann »okay, komm!«. Benutzen Sie die Leine, um ihn daran zu hindern, an Ihnen vorbeizuschießen, oder blockieren Sie seinen Weg mit Ihrem Bein oder Ihrem Körper.

Sobald Ihr Hund versteht, worum es geht, üben Sie an anderen Türen. Üben Sie an Treppen: Lassen Sie Ihren Hund nicht vor sich die Treppe hinaufrennen, um dann stehen zu bleiben und auf Sie herunter zu starren. Nehmen Sie ihn an die Leine, und lassen Sie ihn knapp hinter sich die Treppe hinaufgehen. Braver Hund!

## Beißen

Wenn Ihr Hund ständig nach Ihren Händen oder Handschuhen schnappt, ohne Sie dabei allerdings zu verletzen, Sie ankläfft und nach Ihren Hosenbeinen schnappt, leinen Sie ihn an und lassen ihn eine halbe Stunde »Platz! – Bleib!« machen. In der Zwischenzeit telefonieren Sie

nach einer Hundeerziehungsgruppe herum oder versuchen, einen Ausbilder zu finden, der Ihnen hilft, aus Ihrem eigentlich ganz normalen, nur sehr pubertären Hund einen angenehmen Zeitgenossen zu machen.

Wenn Ihr Hund Sie allerdings bedroht, beim Spaziergang aggressiv Leute anspringt und generell außer Kontrolle zu sein scheint, wenn Sie ihm nichts wegnehmen können oder er Sie böse anknurrt, wenn Sie sich neben ihn setzen wollen, müssen Sie mit Ihrem Hund unbedingt zu einem erfahrenen, empfohlenen Hundeausbilder, der sich Ihren Hund begutachtet und herausfindet, ob Ihr Hund noch zu retten ist.

## Bellen ohne Punkt und Komma

Bellen erscheint manchmal als das größte Problem, weil nämlich die Nachbarn davon so unmittelbar betroffen sind. Stundenlange Hundegesänge können auch das innigste nachbarschaftliche Verhältnis nachhaltig ruinieren.

Wenn es an der Tür klingelt, *muss* Ihr Hund bellen. Wenn jemand in Ihren Garten – auf Lumpis eigenen Grund und Boden! – kommt, muss er auch bellen. Aber er darf nicht jedesmal drei Stunden lang bellen, wenn eine Taube auf dem Gehweg gelandet ist.

Um Ihrem Hundchen stundenlanges Bellen gar nicht erst anzugewöhnen, müssen Sie ihn jedesmal korrigieren, wenn er bellt. Wenn es klingelt und er zu bellen anfängt, korrigieren Sie ihn mit einem freundlichen, aber festen »Nein!«. Ihr Hund wird Sie ansehen und dabei aufhören zu bellen. Loben Sie ihn – er hat ja aufgehört! – und öffnen Sie dann die Tür für den Briefträger. Wenn Ihr Hündchen wieder anfängt, korrigieren Sie ihn erneut mit »Nein!«. Sobald er still ist, loben Sie ihn. Er wird bald verstanden haben, dass ein paar Mal okay ist, eine lange Serenade allerdings unerwünscht.

Wenn Ihr Hund sich nach mehrmaligem »Nein!« nicht mehr beeindrucken lässt, halten Sie ihm von oben die Schnauze zu, während Sie »Nein!« sagen. Der Schnauzengriff ist eine Dominanzgeste, die er sehr wohl versteht. Es ist Ihr Haus, und Sie entscheiden, wann und wie lange darin Krach gemacht wird.

Bellen, wenn Sie das Haus verlassen, ist eine andere Geschichte. Die meisten Hunde bellen, wenn sie sich langweilen oder einsam fühlen. Meistens haben sie es sich angewöhnt, als sie noch relativ jung waren, und bilden sich ein, dass Sie wiederkommen, wenn das Bellen erst einmal lange genug gedauert hat. (Was ja auch stimmt: Irgendwann müssen Sie ja wieder nach Hause kommen – auch wenn er die ganze Zeit mit Bellen verbracht hat. Das ist eben Hundelogik.) Es gibt mehrere Methoden, dies zu verhindern:

- Sorgen Sie dafür, dass Ihr Hund zu müde zum Bellen ist. Machen Sie mit Ihrem Hund einen langen Spaziergang oder spielen Sie Ball oder Stöckchenwerfen, bevor Sie aus der Wohnung gehen. Geben Sie ihm einen Kauknochen, damit er etwas zu tun hat.

- Verabschieden Sie sich mit ruhigen Worten von Ihrem Hund. *Niemals* dürfen Sie sich aus der Wohnung schleichen! Dann bekommt er erst recht Trennungsangst und klebt ständig an Ihnen, damit Sie nicht plötzlich wieder verschwinden. Ich verabschiede mich seit Urzeiten mit genau demselben Sing-Sang von allen meinen und fremden Hunden: »Bleib' schön da, ich komme gleich wieder!« Ziehen Sie nach den Abschiedsworten die Tür hinter sich zu, gehen Sie etwas weg von der Wohnungstür und verhalten Sie sich still. Wenn Sie hören, dass Ihr Hund anfängt zu bellen, korrigieren Sie ihn mit »Nein!« durch die Tür. Gehen Sie dabei nicht zu ihm hinein.

Es mag Ihnen mühsam vorkommen. Aber gut' Ding will nun mal Weile haben, und sich eine neue Wohnung zu suchen, ist noch viel mühsamer.

## Graben im Garten

Die meisten Hunde graben nicht deswegen im Garten, weil sie mit Ihrer Gartenplanung nicht einverstanden sind, sondern weil sie sich langweilen. Oder weil sie Terrier oder Dackel sind, denen Erdarbeit über Jahrhunderte angezüchtet wurde. Deshalb denken Sie, dass ihre Lebensaufgabe darin besteht, sämtlichen Mäusen, Maulwürfen oder Eidechsen dieses Planeten den Garaus zu machen. Wenn Ihr Garten aussieht wie

eine Mondlandschaft, müssen Sie als erstes Schutz-Maßnahmen für Ihre Staudenbeete ergreifen: Sie müssen Fifi von Ihren Beeten weghalten, wenn Sie ihn nicht beaufsichtigen können.

Wenn Sie nämlich nach acht Stunden nach Hause kommen und Fifi für den Krater bestrafen, den er mitten in Ihren englischen Rasen gebuddelt hat, verschwenden Sie Ihre Zeit: Fifi hat keine Ahnung, dass Sie ihn für den Krater im Garten bestrafen wollen; stattdessen wird er glauben, Sie bestrafen ihn dafür, dass Sie nach Hause gekommen sind.

- Bauen Sie Fifi einen Auslauf, einen kleinen Privatgarten, in dem er sich direkt in die Mongolei durchgraben kann, wenn er unbedingt will.

- Wenn Sie zu Hause sind, bleiben Sie dabei, wenn Ihr Hund im Garten ist. Spielen Sie mit ihm; und wenn Sie beide rechtschaffen müde sind, setzen Sie sich in einen Gartenstuhl mit der Zeitung und werfen Sie ab und zu einen Blick auf Ihr Hündchen. Sobald er anfängt, nur leise mit der Pfote an einer bestimmten Stelle zu kratzen, unterbrechen Sie ihn sofort mit einem strengen »Nein!«.

- Wenn Sie in Ihren Beeten wühlen, lassen Sie Ihr Hündchen nicht dabei sein. Sonst wird Ihr Landschaftsgärtner Sie einige Stunden später mit sämtlichen Blumenzwiebeln entzücken, die Sie gerade mühsam gesetzt hatten.

# Stehlen

Hunde, die Essen stehlen, sind nur beim ersten Mal witzig. Danach ist es nichts anderes als mühsam. Eine Zeit lang mag es zum Weihnachtsritual gehören, wenn Ihr Hund alle Jahre wieder die Weihnachtskekse restlos auffrisst, während Ihre Familie mit der Gans beschäftigt ist. Später sind die Pfotenabdrücke auf der Torte lästig, wenn man Gäste erwartet. Manche Hunde stehlen kleinen Kindern Zwieback aus den Händen, was Kinder meistens in tiefe Trauer stürzt. Andere Hunde sind auf Koteletts in der Pfanne spezialisiert oder auf Sonntagsbraten, die zum Auftauen unschuldig auf der Arbeitsplatte in der Küche ruhen.

Stehlen von Essen bedeutet nichts anderes, als dass Ihr Hund Sie nicht ganz ernst nimmt: Die Mahlzeit des Alpha-Hundes wird von den anderen nicht angerührt. Er lässt sich sein Futter auch nicht wegnehmen. Um dieses Problem zu lösen, brauchen Sie ein gutes Reaktionsvermögen, Raffinesse und etwas Tücke. Es darf unter keinen Umständen zu einem weiteren Erfolgserlebnis Ihres Hündchens bei seinen unlauteren Absichten kommen, oder Sie haben für immer verloren.

Lassen Sie ein Leberwurstbrot gut sichtbar für Ihren Hund an der Tischkante liegen. Sobald sich Ihr Hund dem Leberwurstbrot gezielt nähert, donnern Sie ein »Nein!«. (Wären Sie ein anderer Hund, würden Sie sofort die Zähne zeigen und knurren, käme er Ihrem Knochen zu nahe. Also bitte.)

## Unzuverlässigkeit

Solange Ihr Hund Ihre Kommandos nicht zuverlässig beherrscht, muss er draußen an die Leine, und Sie müssen häufiger zehn Minuten lang mit ihm üben. Punkt.

Bringen Sie nicht Ihren Hund, sich selbst oder andere in Gefahr, weil Sie Hunde an der Leine »blöd« finden. Und geben Sie Ihrem Hund nicht mehr Freiheiten, als er damit umgehen kann.

## Zerkauen und Zerstören von Dingen

Das Zerkauen von Möbeln oder anderen Sachen ist ein ernstes Problem – wie viele Sofas kann man sich schon pro Jahr leisten? Die meisten Hund fangen damit an, wenn ihre zweiten Zähne kommen, etwa mit sechs Monaten. In dieser Zeit ist es praktisch, sich einen möglichst großen Vorrat an Kauspielzeugen wie Büffelhautknochen oder Ochsenpeseln anzulegen.

Für einen jungen Hund ist die ganze Welt ein Kauspielzeug, sei es Quietschtier, Büffelhautknochen oder Samt-Pantoffel. Wie bei kleinen

Kindern ist es für junge Hunde Gesetz, alles was neu ist, interessant ist oder im Weg liegt, ins Maul zu nehmen.

Wenn er also an irgendetwas nagt, was ihn nichts angeht, dann klopfen Sie beispielsweise auf das edle Stuhlbein, das ihm so unwiderstehlich schien, sagen Sie streng »Nein!« und geben Sie ihm stattdessen etwas, worauf er herumkauen darf – übrigens unter keinen Umständen einen ausrangierten Turnschuh oder alten Socken. Hunde können den Unterschied zwischen einem alten und einem neuen Schuh nicht erkennen. Also bringen Sie ihm bei, dass Schuhe insgesamt ihn nichts angehen. (Dasselbe, wenn Sie Kinder haben: *Alle* Stofftiere sind verboten. Es gibt in diesem Fall keine Extra-Hunde-Stofftiere. Das Geheul Ihrer Kinder möchte ich nicht hören, wenn Ihr Hündchen seines mit dem Lieblings-Schlafteddy verwechselt hat.)

Beobachten Sie Ihren Hund; lassen Sie ihn nicht im ganzen Haus herumlaufen, wenn Sie ihn alleine lassen. Wenn Sie keine Zeit haben, auf ihn zu achten, setzen Sie ihn in ein altes Kinderställchen oder hinter ein Babygitter in die Küche, wo er sein Körbchen, Wasser und Spielsachen –

vor allem Kauspielsachen – hat. Je älter Ihr Hund ist, den Sie beim verbotenen Kauen erwischen, desto strenger müssen Sie mit ihm sein: Schütteln Sie ihn schnell am Nackenfell, donnern Sie »Nein! – Pfui!« und schicken Sie ihn auf seinen Platz.

# Pubertät, und wie man sie überlebt

Manche Hunde werden schwierig, wenn sie in die Pubertät kommen. Das ist immerhin für einige Zeit ein Problem: Die Hormone scheinen manchen Hunden direkt ins Kleinhirn und in die Ohren zu schießen: Sie sehen, hören und bemerken Sie nicht das kleinste bisschen mehr – außer, Sie rasseln mit der Futterschüssel. Mit einem pubertären Hund sieht das Leben noch einmal ganz anders aus. Er fühlt sich großartig und unwiderstehlich unabhängig, und er ist wild entschlossen, die Grenzen seiner Freiheit zu testen. Warum sollte er Ihnen gehorchen, wenn er lieber dem Ruf der Wild-

nis folgen möchte? Und was können Sie ihm schon tun, wenn er nicht gehorcht?

Ihr zauberhaftes Hündchen hält sich jetzt also für einen Freigeist, einen Bohèmien, wenn Sie Pech haben, sogar für einen Hell's Angels. Wahrscheinlich wird er versuchen auszuprobieren, ob *er* an Ihrer Stelle jetzt nicht mal »Alpha« sein kann. Ihre Kekse? Ihre liebevollen Worte? Ihm doch egal. Während der Pubertät gibt es wichtigere Dinge als Mamas liebevolle Zuwendung. (Wissen Sie nicht mehr?)

Wenn Sie Ihr Erziehungs- und Alpha-Programm und Ihren Sinn für Humor nicht aufgeben, werden Sie nach ein paar harten Monaten Ihren ursprünglichen Wunderhund zurückbekommen.

Sie müssen Ihrem Teenager-Hund ganz deutlich machen, wer hier Alpha ist: Es ist Ihr Haus, nicht seines. Die Rangordnung immer wieder mal zu testen oder zu verändern ist normales Hundeverhalten. Sie dürfen sich davon nur nicht überraschen lassen, und Sie dürfen es vor allem nicht durchgehen lassen. Früher hatten die meisten Hunde Aufgaben: Schafe hüten, Füchse ausgraben, Enten apportieren, Ertrinkende retten. Heute ist das nicht mehr so. Die einzige Aufgabe, die Ihr Hund hat, ist, auf Sie zu achten. So einfach ist das.

Während Sie mühsam damit beschäftigt sind, Ihren pubertären Hund davon zu überzeugen, dass Sie der einzige rechtmäßige Anführer dieses Mensch-Hund-Rudels sind, vergessen Sie nicht, sich immer wieder daran zu erinnern, warum Sie sich ursprünglich einen Hund gewünscht haben: Welcher Art auch immer die Probleme sind, mit denen Sie sich herumschlagen müssen, denken Sie daran, dass er noch immer Ihr Freund ist.

Er ist immer noch sehr komisch, fröhlich und voller Ideen, auf die Sie nie kämen. Er liebt das Leben mit einem Enthusiasmus, der einfach ansteckend ist. Und obwohl sein Ego im Augenblick durch keine Tür passt, ist er ein Superhund, Ihr Begleiter durch Sturm und Schnee und in den finsteren Keller. Er ist Ihr bedingungsloser Komplize in allen Dingen, die kein Mensch mitmachen würde.

Haben Sie es nicht gut?

## Wie Sie wieder Alpha werden

- Setzen Sie die Körpersprache eines Anführers ein. Machen Sie sich groß. Strahlen Sie Selbstbewusstsein aus.

- Setzen Sie alle Kommandos sofort durch. Wenn Ihr Hund sich Zeit lässt, bis er sich hinlegt, korrigieren Sie ihn sofort. Wiederholen Sie Ihre Befehle niemals, sondern setzen Sie sich durch.

Loben und strafen Sie in angemessenen Maßen. *Wenn* Sie bisher Futterbelohnungen eingesetzt haben, lassen Sie das ab jetzt sein. Loben Sie mit warmer Stimme und ebensolchen Händen. Strafen Sie kurz und deutlich: Die mildeste Korrektur, die funktioniert, ist die richtige. Sie brauchen keine Bombe neben Ihrem Hund zu zünden.

Zeigen Sie Ihrem Hund seine Grenzen. Lassen Sie ihn nicht endlos an der Tür bellen, nicht die Nachbarn am Zaun ankläffen, lassen Sie ihn nicht an Leuten hochspringen. Ihr Hund darf sich nicht als Anführer fühlen, also unterbrechen Sie derlei Benehmen sofort.

Lassen Sie ihn mehrmals am Tag lange »abliegen« mit »Platz! – Bleib!«. Beginnen Sie mit fünf Minuten, arbeiten Sie sich hin zu dreißig, bis Ihr Hund eine Stunde abliegt. Am besten üben Sie das nach einem langen Spaziergang: Er soll mitten im Raum liegen, nicht gemütlich in seinem Korb, wo es ihm besser gefiele. Er soll tun, was Sie verlangen. Wenn er aufsteht, legen Sie ihn an die Leine, lassen ihn wieder »Platz! – Bleib!« machen und legen die Leine über seinen Rücken als kleine Erinnerung, dass es hier nicht um Siesta geht.

Lassen Sie Ihren Hund nicht in Ihrem Bett schlafen. Auf Ihrem Lager zu schlafen bedeutet für Ihren Hund, dass er praktisch die gleiche Stellung hat wie Sie – aber es kann nur einen Boss im Haus geben, und der sind Sie. Er darf in Ihrem Schlafzimmer schlafen, aber in seinem eigenen Korb. Im Bett zu schlafen macht viele Hunde größenwahnsinnig, die bald Ihren Herrn oder ihr Frauchen anknurren, wenn man sich im Bett bewegt. Wenn Sie ihn ab und zu auf Ihr Bett einladen wollen, um zusammen zu lesen oder fernzusehen, kein Problem. Aber schicken Sie ihn wieder vom Bett, bevor Sie schlafen wollen.

Haben Sie keine Angst, »Nein!« zu sagen. Grenzen Sie sich ab. In der richtigen Stimmlage gesprochen, mit fester, tiefer Stimme, ist es das Äquivalent eines Knurrens. Lassen Sie sich nicht gefallen, dass er Sie um sechs Uhr früh ankläfft, weil er jetzt spielen will, oder gerade dann, wenn Sie ein Telefongespräch mit dem Finanzamt führen. Bringen Sie ihn sofort auf seinen Platz, sagen Sie »Platz!« und leinen Sie ihn dort an. Und machen Sie weiter, was Sie gerade getan haben.

Sorgen Sie für viel Bewegung und Unterhaltung. Ein müder Hund ist ein braver Hund. Spielen Sie Spiele, verstecken Sie Sachen, bringen Sie Ihrem Hund alberne Kunststücke bei, amüsieren Sie sich. Und beenden Sie jedes Spiel mit einem Kommando, das er wirklich leicht und gut ausführt. Loben Sie ihn dann. Braver Hund!

# Kunststück!

Entgegen mancher Meinung finde ich absolut nicht, dass es für den Hund erniedrigend ist, wenn man ihm Kunststücke beibringt. Hunde denken nicht über Würde nach: Sie wollen sich amüsieren, machen gerne Quatsch und lieben es, im Mittelpunkt zu stehen. Alles das können Sie ihm durch ein paar simple Kunststücke bieten.

Die meisten modernen Hunde gehören zur arbeitslosen Bevölkerung, ob sie wollen, oder nicht. Die meisten Hunde wollen das nicht. Also stehen Irische Setter im Stadtpark immer noch vor, umkreisen Border Collies ihre Familien, schnappen in deren Fersen und tun so, als wäre die Familie eine Herde Schafe. Hovawarts haben nicht vergessen, dass sie mal »Hof-Warte« waren und stellen sich mit ernster Miene und gesträubtem Nackenhaar zwischen ihr Frauchen und den Briefträger. Terrier rasen jedem Eichhörnchen hinterher, Labradore werfen sich mit oder ohne Ente in jeden Tümpel.

Hunde wollen etwas zu tun haben. Selbst ein Drei-Pfund-Hund besitzt ein Gehirn, und das möchte er benutzen. Dekorativ aussehen reicht den meisten Hunden nicht. Fragen Sie Ihren Hund.

Wenn Sie ihm Kunststücke beibringen, bekommt Ihr Hund etwas zu tun. Er wird sich amüsieren, weil Sie sich amüsieren. Sie können mit Ihrem Hund angeben, er wird merken, dass Sie wahnsinnig stolz auf ihn sind, und das festigt Ihre Beziehung. Außerdem sind Kunststücke ein vergnügliches Mittel, um immer wieder Kommandos abzufragen. Ihr Hund wird schlauer, fröhlicher und interessanter. Sie lernen, mit Ihrem Hund auf einer höheren Ebene zu kommunizieren. In Wirklichkeit ist es nichts anderes als ein Kunststück, wenn ein Hund als Drogenfahndungshund arbeitet, oder als Blindenhund, oder als Jagdhund. Alle diese Ausbildungen basieren auf Grunderziehung und Spiel. Ob Ihr Hund also ein Kilo Kokain finden oder durch einen Reifen springen soll, ist gar kein so großer Unterschied.

## Pfote geben

Pfote geben ist im Grunde eine natürliche Unterwerfungsgeste, die man an jedem Welpen beobachten kann, und die meisten Hunde beherrschen dieses Kunststück von alleine.



Lassen Sie Ihren Hund »Sitz!« machen. Setzen Sie sich vor ihn, sagen Sie »Gib' mir deine Pfote!« und berühren Sie mit sanftem Druck mit einem oder zwei Fingern die Stelle gleich oberhalb der Pfote. Wenn er jetzt die Pfote auch nur leicht anhebt, nehmen Sie die Pfote, halten Sie sie kurz fest und loben Sie ihn ungeheuerlich.

Wenn er nach ein paar Malen verstanden hat, dass Sie tatsächlich seine Pfote wollen, lassen Sie Ihren Hund wieder »Sitz!« machen, bitten um seine Pfote und halten Ihre Hand erwartungsvoll auf. Sobald er sie Ihnen gibt, halten Sie die Pfote fest und loben ihn wie verrückt.

## Winken

Winken ist hinreißend und ganz leicht.

Wenn Ihr Hund erst mal Pfote geben kann, lassen Sie ihn »Sitz!« machen. Halten Sie die Hand auf, als wollten Sie, dass er Ihnen Pfote gibt, aber halten Sie die Hand höher und anders herum, als wenn Ihr Hund seine Pfote hineinlegen sollte. Sagen Sie »Winke winke!« oder »Bye bye!«. Er wird mit seiner Pfote in der Luft herumtatzen, also loben Sie ihn überschwänglich: Braver Hund!

Mit etwas Übung wird er schnell den Unterschied zwischen »Pfote« und »Winken« verstehen.

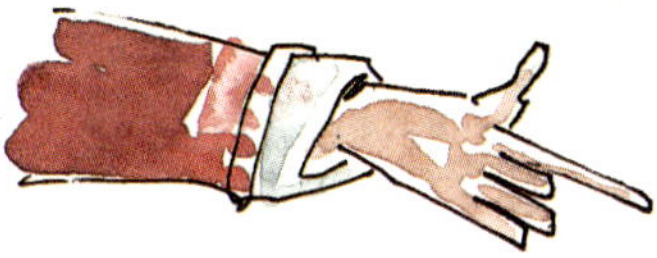

# Peng, du bist tot!

»Peng, du bist tot!« ist eine klassische Show-Nummer. Dazu muss Ihr Hund absolut ruhig auf der Seite oder auf dem Rücken liegen bleiben. Am besten üben Sie dieses Kunststück also, wenn Sie mit ihm von einem langen Spaziergang kommen.

Lassen Sie ihn »Platz!« machen und rollen Sie ihn auf seine Seite, während Sie »Peng!« sagen. (Sie dürfen sich ruhig albern vorkommen. Aber haben Sie Geduld.) Kraulen Sie seinen Bauch. Wenn er versucht, wieder aufzustehen oder auf die andere Seite zu rollen, bringen Sie ihn mit sanfter Konsequenz zurück in die ursprüngliche Seitenlage.

Nach ein paar Tagen wird er verstanden haben, was Sie mit »Peng!« meinen, ohne dass Sie vorher »Platz!« sagen. Wenn er sich hinlegt und Sie dann erwartungsvoll ansieht, sagen Sie ihm »Nein!«, und drücken Sie seinen Kopf sanft auf die Erde (schließlich ist er ja tot, auch wenn er das nicht weiß). Wenn er wirklich still liegt, loben Sie ihn ungeheuer.

Je besser er mit einiger Übung reagiert, desto feiner können Sie das Kunststück abstimmen: Bis er sich kein bisschen

mehr bewegt, Sie seine Pfote anheben können, die schlaff zurückfällt, um zu zeigen wie tot Ihr Hund ist. Und dann erwecken Sie ihn mit Hurra wieder zum Leben.
Braver Hund!

## Rolle

Die »Rolle!« ist aus athletischen Gründen offenbar sehr leicht für Terrier oder Pudel zu erlernen. Es ist nicht so leicht, die Rolle sehr dominanten Hunden beizubringen, dabei aber eine gute Übung: Letztlich ist die Rolle nämlich eine Unterwerfungsgebärde.

Für die Rolle muss Ihr Hund sich hinlegen. Nehmen Sie ein Lieblings-Quietschtier (Ihres Hundes, versteht sich) in die Hand oder irgendetwas, für das er sich gewöhnlich brennend interessiert. Schieben Sie ihn sanft so, dass er auf der Seite liegt. Sagen Sie »Rolle!« und rollen Sie Ihren Hund einmal über den Rücken. Danach geben Sie ihm den Keks/Ball/Quietschigel, lassen ihn aufspringen und freuen sich mit ihm wie verrückt – und dann probieren Sie es noch einmal.

Sobald er in etwa verstanden hat, was Sie von ihm wollen, machen Sie dazu eine Handbewegung in die Richtung, in die Ihr Hündchen rollen soll. Nach einiger Zeit bleiben Sie dann einfach stehen, geben das Handsignal und das Wort »Rolle!« – und Fifi weiß Bescheid.

# Durch einen Reifen springen

Auch dieses Kunststück ist eine fabelhafte Varieté-Nummer, falls Sie derlei Ambitionen haben. Es ist besonders leicht, Ihrem Hund diesen Trick beizubringen und überzeugt dabei jegliches Publikum mit Nachdruck davon, dass Ihr Hund schlicht hoch begabt ist.

Sofern Sie nicht zwei Meter groß sind, klemmen Sie am besten einen Hula-Hoop-Reifen in den Türrahmen in einer Höhe, in der Ihr Hund nicht darunter durchlaufen kann. Nehmen Sie ihn an die Leine, laufen Sie auf die Tür zu, rufen Sie »Hopp!« und hopsen Sie zusammen mit Ihrem Hund durch den Reifen. Braver Hund!

*Wenn* Sie aber doch zu groß sein sollten, um persönlich durch einen Reifen zu springen, stellen Sie sich auf die andere Seite des Reifens, rufen Sie Ihren Hund, quietschen Sie mit einem Quietschtier, und sagen Sie »Hopp!«, kurz bevor Ihr Hund durch den Reifen springt. Loben Sie ihn ausgiebig, auch wenn er eigentlich ja gar keine andere Wahl hatte, als durch den Reifen zu springen.

Nachdem er ein paarmal durch den noch relativ niedrig eingeklemmten Reifen gesprungen ist, erhöhen Sie die Sprunghöhe ein bisschen. Sobald Ihr Hund hindurch gesprungen ist, sparen Sie nicht mit Applaus.

Nehmen Sie dann den Reifen aus dem Türrahmen und probieren Sie das Ganze, während Sie den Reifen in derselben Höhe halten, die Sie bereits geübt haben.

Wenn er jetzt plötzlich keine Lust mehr hat und immer am Reifen vorbeirennt, bitten Sie einen Freund oder Nachbarn, den Reifen zu halten, nehmen Sie Ihren Wunderhund an die Leine und stellen Sie sich auf die andere Seite des Reifens. Sagen Sie »Fifi, hopp!« und ziehen Sie ihn sanft zu sich – ohne dass er in den Reifen stolpert. Loben Sie ihn fürchterlich, wenn er gnädig gesprungen ist; versuchen Sie es nochmal.

Im Laufe der Zeit können Sie den Reifen immer höher halten – aber bleiben Sie realistisch. Terrier, Pudel und Border Collies springen leichter und höher als Bassets oder Irische Wolfshunde. Die meisten Hunde können mit Übung etwa anderthalb Mal so hoch springen wie ihre Schulterhöhe.

# Tür zu!

»Tür zu!« ist ein sehr eindrucksvolles Kunststück, weil es jeden Besucher unwiderruflich davon überzeugen wird, dass Ihr Hund ein Genie ist. Außerdem ist es sehr hilfreich, wenn Sie gemütlich auf dem Sofa beim Fernsehen liegen und feststellen, dass es zieht.

- Öffnen Sie eine Tür einen Spalt nach innen. Klopfen Sie leicht an die Tür oberhalb der Klinke und fordern Sie ihn mit fröhlicher Stimme auf: »Mach' die Tür zu!«

- Wenn Ihr Hund Sie nur staunend anguckt, anstatt die Tür anzuspingen, legen Sie ein Lieblingsquietschtier oder einen

(winzigen) Keks auf die Türklinke und sagen Sie wieder »Mach' die Tür zu!«, während Sie leicht auf die Tür klopfen.

Mit etwas Geduld und Enthusiasmus wird Ihr Hund schnell verstehen, was Sie von ihm wollen.

## Fangen

Das Fangen von Bällen, Stöcken oder anderen Gegenständen übt man am besten mit kleinen Keksen – jawohl, in einigen wenigen Fällen kann man die eine oder andere Ausnahme von der strengen futterlosen Erziehungsregel machen.

Lassen Sie Ihren Hund »Sitz!« machen. Lassen Sie ihn an einem winzigen Stück Würstchen oder Hundekeks schnuppern, ohne es ihm zu geben. Stellen Sie sich ein paar Schritte entfernt auf, sagen Sie »Fang!« und werfen Sie ihm das Würstchen/den Keks zu. Anfangs wird Ihr Hund sehr erstaunt den Keks an seiner Stirn abprallen lassen, bevor er ihn vom Boden frisst. Lassen Sie ihn.

Nach ein paar Tagen hat er wahrscheinlich schon von alleine verstanden, dass er den Keks fangen soll. Loben Sie ihn, wenn er fängt. Gleichzeitig darf er von nun an den Keks nicht mehr vom Boden fressen, wenn er ihn verpasst hat (jetzt sind Ihre Reaktionsfähigkeit und Schnelligkeit gefragt!). Wenn er den Keks verpasst, nehmen Sie den Keks schnell wieder, sagen Sie »Fang!«, und werfen Sie Fifi den

Keks erneut zu. Sie werden sich wundern, wie schnell Fifi plötzlich fängt.

Schließlich ersetzen Sie den Keks durch einen kleinen Ball (möglichst weich: Manche Hunde fürchten sich vor harten Gummibällen) oder ein kleines Quietschtier. Lassen Sie ihn wieder »Sitz!« machen, sagen Sie »Fang!«, und werfen Sie ihm den Ball zu. Loben Sie ihn ungeheuerlich, wenn er fängt: Braver Hund!

Im Lauf der Zeit können Sie das Spiel verfeinern: Er soll Ihnen den Ball auf »Komm!« bringen, oder Sie spielen mit dem Ball herum, bis Sie ihn Fifi endlich zuwerfen – aber er muss im »Sitz! – Bleib!« bleiben, bis Sie ihm mit »Fang!« das nächste Kommando gegeben haben. Sie werden feststellen, dass er sich besser konzentriert und dass er versucht, anhand Ihrer Körperstellung vorauszuahnen, wann und wohin Sie den Ball werfen.

Sie sind jetzt beinahe zirkusreif.

# Zwölf Gebote der Hundeerziehung

## 1

Werden Sie Alpha. Ein Anführer, eine Mutter, ein Vater müssen Selbstsicherheit und Verlässlichkeit ausstrahlen, sonst wird ihre Autorität angefochten – das gibt es kaum einen Unterschied zwischen Kindern, Rebellen oder Hunden. Wenn Sie Ihrem Hund gewisse Regeln beibringen wollen, bleiben Sie bei diesen Regeln, sonst bringen Sie Ihren Hund völlig durcheinander. Andererseits geben Ihre Regeln ihm ein Gefühl der Sicherheit: Sie sagen, wo's lang geht, und er kann sich darauf verlassen.

## 2

Fassen Sie Ihren Hund oder den Hund, den Sie erziehen wollen, immer so an, als gehöre er Ihnen. Fassen Sie ihn nicht vorsichtig oder zögerlich an, sondern selbstbewusst, fest – und liebevoll. In Ihrem Anfassen darf keine Frage liegen – »Darf ich?« –, denn natürlich »dürfen« Sie. Er ist Ihr Hund, Sie wissen, was für ihn das Beste ist. Wenn Sie ihm dieses Gefühl vermitteln können, braucht er sich um nichts zu kümmern, darf sich sicher fühlen.

## 3

Meinen Sie, was Sie sagen. Geben Sie Ihrem Hund kein Kommando, wenn Sie nicht wirklich bereit sind, dies auch durchzusetzen: Sagen Sie nicht »Sitz!«, wenn Sie sich eigentlich lieber mit Ihrer Nachbarin unterhalten wollen, sondern nur, wenn Sie bereit sind, die Unterhaltung sofort zu unterbrechen und Lumpi zum Sitzen zu bringen. Wenn Lumpi nämlich merkt, dass Sie auch zwanzigmal »Sitz!« sagen, bevor Sie sich endlich durchsetzen, lernt er auf diese Weise nur, dass er sich Zeit lassen oder Sie gar ignorieren kann. Das ist nicht nur nervtötend, sondern auch gefährlich.

## 4

Loben Sie Ihren Hund freundlich, gezielt und sofort, nachdem er etwas getan hat, was Sie von ihm erwartet haben. Übertreiben Sie Ihr Lob nicht: Das Lob soll die Erziehungsarbeit nicht unterbrechen und ihn auch nicht wild vor Entzücken werden lassen. Beglückwünschen Sie ihn nicht eine halbe Stunde lang, weil er sich hingesetzt hat. Loben Sie ihn mit einem Lächeln, warmer Stimme und einem Streicheln, und weiter geht's im Text.

5

Ermahnen Sie Ihren Hund sofort und gerecht. Eine Ermahnung soll in der Tat genau das unterbrechen, was gerade passiert. Wenn Sie Ihren Hund strafen müssen, zeigen Sie Sicherheit und Autorität. Sprechen Sie mit tiefer, deutlicher Stimme, machen Sie sich groß. Fassen Sie ihn fest an – das bedeutet nicht, dass Sie ihn schlagen dürfen! –, packen Sie ihn am Nackenfell und schütteln Sie ihn kurz und bestimmt.

6

Piesacken Sie Ihren Hund nicht mit Worten. Reden Sie nicht permanent auf ihn ein, nörgeln Sie nicht dauernd hinter ihm her. Bleiben Sie ruhig, klar und sachlich.

7

Bleiben Sie bei Ermahnungen bei dem Wortschatz, den Ihr Hund kennt. Wörter wie »Nein!«, »Aus!« oder »Pfui!« bringen

Ihre Botschaft sehr deutlich rüber. Sätze wie »Lass' das sofort fallen, Hugo! Aus! Pfui! Hugo, hörst Du mich denn nicht?« sind zu lang. Außerdem klingen Sie kein bisschen selbstsicher, sondern verunsichert.

## 8

Lassen Sie Ihren Hund Abenteuer erleben. Sorgen Sie dafür, dass er seine überschüssige Energie los wird. Nehmen Sie ihn in den Park mit, spielen Sie interessante Spiele, gehen Sie schwimmen, fahren Sie mit ihm in Wald und Felder.

## 9

Lassen Sie ihn regelmäßig mit anderen Hunden toben. Er braucht seine eigenen Freunde, mit denn er sich in seiner eigenen Sprache amüsieren kann. Er muss auch mal Hund sein können. Und nichts macht einem Hund mehr Spaß, nichts auf der Welt macht ihn müder als das Spiel mit seinen Kumpels.

## 10

Erinnern Sie sich immer wieder daran, was für einen Hund Sie sich da ins Haus geholt haben, damit Sie ihn besser verstehen können: Wenn er ein Retriever ist, wissen Sie ja, dass er sich nicht in der Pfütze wälzt, um Sie zu ärgern, sondern weil er ein Wasserhund ist. Wenn Sie einen Weimaraner haben, wissen Sie, dass er einer der intelligentesten Hunde ist, der unendlich viel Arbeit, Ablenkung und interessante Aufgaben braucht. Wenn er eine Englische Bulldogge ist, gehört er zu den unabhängigen und schwer zu erziehenden Rassen, und Sie müssen mit sehr viel mehr Nachdruck arbeiten.

## 11

Nehmen Sie es nicht persönlich, wenn Ihr Hund sich widersetzt. Versuchen Sie, ihn in diesem Moment als Hund von jemand anders zu sehen, damit Sie Ihre objektive Sichtweise wieder erlangen. Sie kennen das doch: Am leichtesten sieht man immer, was die Kinder und Hunde anderer Leute falsch machen.

## 12

Er braucht Zeit für sich. Er braucht Ruhezeiten, während derer er nur herumliegt und den Sonnenuntergang betrachtet; er braucht Rückzugsmöglichkeiten von Haushalt, Kindern, anderen Haustieren, von Ihnen. Er braucht seine Ruhe. Geht es Ihnen nicht auch so?

## Literaturverzeichnis


Aldington, Eric H.W.: Was tu ich nur mit diesem Hund? Gollwitzer Verlag. Weiden, 1994

Baatz, Manfred u. Maria: Der richtige Umgang mit dem Hund. BLV Verlag. München, 1998

Benjamin, Carol Lea: Surviving your Dog's Adolence. Howell. New York, 1993

Coren, Stanley: How to speak Dog. The Free Press. New York, 2000.

Fogle, Bruce: Hunde kennen und verstehen. BLV Verlag. München, 2001

Leyen, Katharina von der: Charakterhunde. BLV Verlag. München, 2001

Leyen, Katharina von der: Das Welpenbuch. BLV Verlag. München, 1999

Rupp, Walter: Der Blindenhund. Müller Rüschlikon. Zürich, 1987

Wegmann, Angela: Freizeit-Spaß mit Hunden. BLV Verlag. München, 2001

# Adressen

**Internationaler Dachverband für das Hundewesen**
**Fédération Cynologique International (FCI)**
Place Albert 1, 13
6530 Thuin
Belgien
Tel. 0032 / 71 – 59 12 38
FAX 0032 / 71 – 59 22 29
www.fci.be

**Verband für das Deutsche Hundewesen e.V. (VDH)**
Westfalendamm 174
44141 Dortmund
Tel. 0231-565 00-0
FAX 0213-5 92 40
e-mail: Info@vdh.de
www.vdh.de

**Bundesfachverband für Hundeausbildung und**
**-erziehung und Haustierforschung e.V.**
Tel. 02041 / 98 86 20

**Deutscher Verband der Gebrauchshundevereine e.V. (DVG)**
Gustav Sybrecht Strasse 42
44536 Lünen
Tel. 0231 / 87 80 10
Fax 0231 / 87 80 122
www.dvg-luenen.de
e-mail: info@dvg-luenen.de

**Katharina von der Leyen**
e-mail: kvdleyen@aol.com
www.vonderleyen.com

Braver Hund

Die Deutsche Bibliothek –
CIP-Einheitsaufnahme

Ein Titeldatensatz für diese
Publikation ist bei
Der Deutschen Bibliothek erhältlich

BLV Verlagsgesellschaft mbH
München Wien Zürich
80797 München

2., durchgesehene Auflage



Umschlaggestaltung:
Ina Graeven, Hamburg

Umschlagabbildung:
Caroline Ronnefeld, Hamburg

Layout: Ina Graeven, Hamburg

Lektorat: Dr. Friedrich Kögel
Herstellung: Hermann Maxant

Druck und Bindung:
Druckhaus Neue Stalling, Oldenburg

Gedruckt auf chlorfrei gebleichtem Papier

Printed in Germany ·
ISBN 3-405-16211-4

# Der richtige Umgang mit dem Hund

Angela Wegmann
**Freizeit-Spaß mit Hunden**
Such-, Werf- und Geschicklichkeitsspiele; Begleitung beim Wandern, Joggen und Rad fahren; Wassersport, Pferdebegleitung und Wintervergnügen; Geschicklichkeits-, Zirkus- und Zaubertricks; Agility, Flyball-Spiele, Schlittenziehen u.v.m.

Dr. med. vet. Doris Quinten
**Gesundheits-Ratgeber Hunde**
Alles über Vorsorge, Ernährung, Impfungen etc.; häufige Krankheiten: Ursachen, Behandlung, Pflege, Vorbeugung, Selbstbehandlung – mit Naturheilkunde.

Bruce Fogle
**Hunde richtig erziehen**
Sanfte Erziehungsmaßnahmen und Korrektur schlechter Angewohnheiten – mit über 450 Schritt-für-Schritt-Farbfotos.

Katharina von der Leyen
**Charakter-Hunde**
Einblicke in Hundeseelen: die Charaktere der beliebtesten Rassen – brillant beschrieben, pointenreich, fesselnd, fundiert.

Angela Wegmann
**Hunde richtig halten**
Entscheidungshilfen für den Kauf der geeigneten Rasse und das Basiswissen für den artgerechten Umgang mit dem Hund.

Katharina von der Leyen
**Das Welpenbuch**
Das umfassende Praxisbuch – Lesevergnügen pur: den richtigen Welpen finden, Rassen, Züchter, Auswahlkriterien; Entwicklung, Grunderziehung, Fütterung und Pflege; Welpen und Kinder, Spiele, Gesundheitsvorsorge, Impfungen.

Angela Wegmann
**Wenn mein Hund nicht hören will**
Typische und häufige Verhaltensstörungen beim Hund erkennen und beheben: Symptomatik, Diagnose, Behandlung, Vorbeugung, Praxisbeispiele.

*Im BLV Verlag finden Sie Bücher zu den Themen:* Garten und Zimmerpflanzen • Natur • Heimtiere • Jagd und Angeln • Pferde und Reiten • Sport und Fitness • Wandern und Alpinismus • Essen und Trinken

blv

*Ausführliche Informationen erhalten Sie bei:*

**BLV Verlagsgesellschaft mbH • Postfach 40 03 20 • 80703 München**
**Tel. 089/12705-0 • Fax 089/12705-543 • http://www.blv.de**